조사 「이/가」와 「은/는」 연구

저자 **김승곤**

· 한글학회 회장 및 재단이사 역임
· 건국대학교 문과대학 국어국문학과, 대학원 졸업
· 건국대학교 인문과학대학장, 문과대학장, 총무처장, 부총장 역임
· 문화체육부 국어심의회 한글분과위원 역임
· 주요저서:『관형격조사 '의'의 통어적 의미분석』(2007),『21세기 우리말 때매김 연구』
 (2008),『21세기 국어 조사 연구』(2009),『국어통어론』(2010),『문법적으로
 쉽게 풀어 쓴 논어』(2010),『문법적으로 쉽게 풀어 쓴 향가』(2013),『국어
 조사의 어원과 변천 연구』(2014),『21세기 국어형태론』(2015),『국어 부사
 분류』(2017) 등

조사 「이/가」와 「은/는」 연구

© 김승곤, 2018

1판 1쇄 인쇄_2018년 07월 10일
1판 1쇄 발행_2018년 07월 20일

지은이_김승곤
펴낸이_이종엽

펴낸곳_글모아출판
등 록_제324-2005-42호

공급처_(주)글로벌콘텐츠출판그룹
　　　대표_홍정표　　이사_양정섭　　편집디자인_김미미　　기획·마케팅_노경민
　　　주소_서울특별시 강동구 풍성로 87-6(성내동) 글로벌콘텐츠
　　　전화_02) 488-3280　팩스_02) 488-3281
　　　홈페이지_http://www.gcbook.co.kr
　　　이메일_edit@gcbook.co.kr

값 16,000원
ISBN 978-89-94626-71-0 93710

조사 「이/가」와 「은/는」 연구

김승곤 지음

머리말

　글쓴이는 조사에 대하여 오랫동안 공부하여 왔다. 조사 중 그 용법이 다양한 것은 주격조사 「이/가」와 보조조사 「은/는」이다.

　따라서 그 용법을 한 번 밝혀 보아야겠다는 생각에서 많은 통계를 내어 이 책을 내기에 이르렀다. 이들 조사는 문맥에 따라 그 뜻이 달라지고 문장의 짜임새에 따라 그 용법이 다양하여 한 가지로 이렇다 하고 꼬집어 말하기가 매우 어려움을 알게 되었다.

　따라서 그 체계를 잡는 데 있어서도 어려움이 많아 그 용법을 나열식으로 설명하였다. 그러므로 좀 산만한 느낌이 없지 않으나, 자세히 읽어보면 어느 정도 이해가 갈 것으로 생각된다.

　덧붙여 두고 싶은 것은 「은/는」 조사의 용법에 있어, 어떤 종류의 부사가 오면 그 주어에 「은/는」이 온다고 하여 예를 보인 데가 있는데 반드시 그렇지 않을 수도 있으니 오해 없기를 바란다.

　이 책은 「이/가」와 「은/는」 조사의 용법을 완전무결하게 밝혔다고는 생각되지 않는다. 그 길잡이로 이루어진 것으로 생각하면 좋을 것 같다.

끝으로 이 책을 출판하여 준 출판사에게 고맙다는 말을 전하면서
아울러 이 책에 직접 관계한 편집자 여러분께도 고맙다는 인사를
드린다.

지은이 씀

차례

제**1**장

들어가는 말

조사 「이/가」는 주격조사요, 「은/는」은 보조조사임은 주지하는
바이다. 그런데 우리 문법에서 「은/는」을 주격조사로 다루었을 만
큼 「은/는」이 주격조사처럼 많이 쓰이고 있음은 널리 알려져 있다.
그런데 어떤 경우에 「은/는」이 왜 그렇게 쓰이는가에 대하여 깊이
있는 연구가 아직 이루어지지 않았다. 그래서 글쓴이는 평소에 틈
틈이 모아 두었던 자료들을 정리하여 이 글을 쓰기로 한 것이다.
사실 따지고 보면, 「이/가」와 「은/는」의 용법은 아주 복잡하다. 그
러므로 그 분석이 아주 면밀하여야 하는데, 과연 읽을이 여러분이
읽어보고 어느 정도 만족할지 걱정이 되지 아니할 수가 없다. 글쓴
이는 『21세기 국어형태론』에서 이들 두 조사에 대해서 비교적 자세
히 다루었는데, 그것도 여기에서 같이 다루게 될 것이다. 「이/가」와
「은/는」의 용법은 깊이 따지고 보면 그 어원과 깊은 관계가 있음을
알게 된다. 따라서 이 글에서는 차례에서 보인 바와 같이 그 용법에
앞서 어원을 먼저 다루게 될 것이다. 본래, 이들 조사의 용법은 그
어원에 따라서 사용되다가 사회가 복잡해지면서 그 용법의 범위도

점점 넓어져서 복잡하게 된 것이다. 더구나 다른 조사와의 복합조
사까지도 되어서 다양하게 쓰이고 있다. 앞으로 다양한 우리들의
감정을 표현하기 위하여서는 이들 조사의 용법은 더욱 복잡해질 것
이다.

제2장

「이/가」 주격조사

1. 「이/가」의 어원

　「이」의 어원에 대하여는 여러 의견이 있으나, 글쓴이는 「이」가 삼인칭의 인칭대명사와 비인칭대명사의 「이」에서 발달하여 왔다고 보고자 한다. 아래에서, 이 주장이 틀림없음을 밝혀 보기로 한다.

　① 신라 향가에 나타난 「이」 주격조사

　　(1) a. 阿冬音乃叱好支賜烏隱兒史年數就音墮支行齊 (慕竹旨郞歌)

　　　　b. 民是愛尸知古如 (安民歌)

　　　　c. 咽鳴爾處米露曉邪隱月羅理白雲音逐于浮去隱安支下 (讚耆婆郞歌)

　　　　d. 沙是八陵隱汀理也中耆郞矣貌史藪邪 (上同)

　　　　e. 阿耶栢史叱枝次高支好雪是毛冬乃乎尸花判也 (上同)

　　　　f. 入良沙寢矣見昆脚烏伊四是良羅 (處容歌)

　　　　g. 彗星也白反也是有叱多 (彗星歌)

h. 此也友物北所音叱慧叱只有叱故 (上同)

i. 物叱好支栢史秋察尸不冬爾屋攴墮米 (怨望)

j. 仰頓隱面矣改衣賜乎隱冬矣也 (上同)

k. 月羅理影攴古理因淵之叱行尸浪阿叱沙矣以攴如攴 (上同)

② 고려 향가에 나타난 「이」 주격조사

(2) a. 塵塵馬洛佛體叱刹亦刹刹每如邀里白乎隱 (禮敬諸佛歌)

b. 得賜伊馬落人米無叱昆 (隨喜功德歌)

c. 身摩只碎良只塵伊去米命乙施好尸歲史中置 (常隨佛學歌)

d. 皆佛體置然叱爲賜隱伊留兮 (上同)

e. 衆生叱邊衣于音毛際毛冬留願海伊過 (總結無盡歌)

(1)과 (2)에 의하여 보면 주격조사로 쓰이는 것에는 「史, 是, 理, 伊, 只, 矣, 亦, 米, 毛」 등이 있는데, (1e, k) 및 (2b)에서는 명사가 「이」로 끝나 있으므로 주격조사는 쓰이지 아니하였다. 이들 아홉 개의 조사 중 「史, 理, 只, 米, 毛」 등은 받침소리 표기를 위하여 사용된 것이요, 「矣, 亦」 등은 표음적 표기로 쓰인 것이기 때문에 참된 뜻에 있어서의 주격조사의 기저형은 「伊」와 「是」의 둘이다.

그러면 이 두 낱말은 어떠한 말이었던가를 살펴보기로 하겠다. 일찍이 양주동 박사는 『고가연구』의 수회공덕가 「得賜伊」조의 설명에서 "「伊」는 원래 인칭에 뿐만 아니라 고어에서는 사여물 일반에 통용되는데"라고 설명하고 있는데, 이것으로 미루어보면 「伊」는 삼인칭의 인칭대명사 및 지시대명사임을 알 수 있다. 그런데 일본인 학자 모로바시의 『대한화사전』의 권1의 645쪽에 의하면 「伊」는 그이(カレ), 彼, 사람을 가리키는 말 "「太倉州志」吳語, 指人曰伊"라고 설명하여 놓았을 뿐만 아니라, 옛날에나 지금이나 사람의 이름에 「伊」를 많이 사용하였는데, 그것은 「伊」가 인칭대명사였던 자취를 보이는 것이다. 즉, '몽슐이(蒙述伊), 이뿐이(而分利), 몽고이(蒙古伊)…'[1] 등은 이조시대의 사람 이름에 쓰인 보기요, 오늘날도 '순이(順伊), 분이(分伊), 금이(金伊)…' 등과 같이 여자의 이름에는 물론, '금돌이, 길돌이, 갑돌이, 차돌이' 등과 같이 남자 이름 다음의 접미사로도 쓰이고 있음은 주지의 사실이다.

다음은 「是」가 어떤 낱말이었던가를 살펴보기로 하자.

  (3) a. 이 네 아슴가(是爾親眷那) (초노상 15B)

    b. 이 내 이우지라(是我街坊) (초노상 16A)

    c. 이 몯드라 오니가(是相會來的) (초노상 15B)

    d. 이 내 녯 주인지비니(是我舊主人家) (초노상 17A)

    e. 이 漢ㅅ사름이라(是漢兒人有) (노걸 11)

    f. 이 小人의 어믜 동싱의게 난 아이오(是小人兩飴兄弟) (노걸 28)

    g. 이 친동싱 兩姨가(是親兩姨那) (노걸 28)

    h. 이 同姓 六寸 兩姨가(是親兩姨那) (노걸 28)

    i. 이 親同生兩姨의게 난 弟兄이로니(是親兩姨弟兄) (노걸 29)

    j. 이 죷입피 됴ᄒ니(是稈草好) (노걸 31)

    k. 이 진실로야(是眞箇磨) (노걸 32)

    l. 이 張社長 집이로다(是張社長家) (노걸 79)

    m. 이 내 버시러니(是我相識的) (노걸 87)

---

1) 최범훈, 1977, 한자차용표기체계연구, pp.68~69에서 인용.

n. 이 됴흔 활이면(是好弓時) (노걸 183)

o. 이는 마쳐옴 셩녕이오(是主顧生活) (노걸 188)

(3a, b, c, e, f, g, h, i, m)의 「是」는 삼인칭의 인칭대명사요, (3d, j, k, l, n, o)의 「是」는 삼인칭의 지시대명사임은 물론이다. 그런데 「이」가 삼인칭의 인칭대명사인 분명한 증거를 다음의 보기에서 찾아볼 수 있다.

(4) 이가 내 아내요, 저 애가 내 딸이요 (삼중당 문고, 무정(상), 11쪽)

(4)에 의하여 보면, 「이」가 삼인칭의 인칭대명사임은 분명한데 다음과 같은 보기에도 「是」가 삼인칭의 사람 및 지시대명사인 사실을 알 수 있다.

(5) a. 是爲成三問(이이가 성삼문이다)[2]

b. 花是紅[3]

이상에서, 「伊」와 「是」는 삼인칭의 사람 및 지시대명사임을 알게 되었는데 그러면 이들 낱말이 어떻게 하여 주격조사로 바뀌었나를 증명해 줄 언어 사실이 있는가를 살펴보기로 하겠다. 본래 이 「伊, 是」는 문장에서 명사 다음에 쓰였다. 그 예를 다음에서 보기로 하자.

---

2) 박지홍, 1977, 표준한문법, 서울, 과학사 p29 및 p.32 참조

3) 阿部吉雄, 1977, 漢文の硏究, 東京, 旺文社, p.86

(6) a. 民是愛尸知古如 (安民歌)

b. 入良沙寢矣見昆脚烏伊四是良羅 (處容歌)

c. 彗星也白反也人是有叱多 (彗星歌)

d. 身靡只碎良只塵伊去米 (常隨佛學歌)

e. 어늬 굳어 병블碎ᄒ리잇고 (용비 47)

f. 뉘 아니 ᄉ랑ᄒᅀᆸ리 (용비 78)

g. 舍利佛이 ᄒᆫ 獅子ㅣ를 지ᅀᅥ내니 (석보상절 6-64)

h. 님금 ᄆᅀᅳ미 긔 아니 어리시니 (용비 30)

(6a~h)에서 보면, 「이(是, 伊)」는 물론 「이」가 모두 문장에서 명사 뒤에 쓰이고 있는데, 우리 문장의 성분 배열은 예로부터 이와 같았던 것이었다. 그러므로 (6a)의 「民是」는 '民 이이'의 뜻이었을 것이요, (6b)의 「脚烏伊」는 「脚烏 이것」의 뜻이었을 것으로 보아지며, (6d, d)의 「人是有叱多」와 「塵伊去米」는 '사람 이것 있다'와 '티끌 이것 가매'의 뜻으로 각각 풀이되었을 것이다. 이와 같이 볼 때, (6e)의 「어늬」는 「어느+이」로 「어느」는 「이」를 꾸미는 구실을 하며, 그 뜻은 「어느 이것」으로 풀이되었을 것이며, (6f)의 「뉘」는 「누+ㅣ」로 풀이되는데, 그 뜻은 '누구 이이'로 풀이되었을 것이다. 그리고 (6g)의 「獅子ㅣ를」분석하여 보면 「獅子+ㅣ+를」이 되는데, 여기의 「ㅣ」는 「獅子」를 받아서 「를」에 이어 주고 있다. 따라서 그 뜻은 '獅子 이것을'으로 풀이되었을 것이다. 그러므로 (6g) 전체의 뜻은 '舍利佛이 하나의 獅子 이것을 지어내니'로 풀이하였을 것이다. (6h)의 「긔」는 「그+이」로서 「그」는 「이」를 꾸미는데, 그 뜻은 「그 이것」으로 해석되었을 것이다. 혹 임금의 마음을 말하는데, 그렇게 말하기는 어려울 것이라고 할는지 모르나 원래 우리말의 문장 구조가 그렇게

되어 있었던 것이다(이와 같은 문장 구조에서 우리말의 합리성을 알아볼 수 있다). 위에서와 같이 삼인칭의 인칭대명사와 지시대명사가 실사 뒤에 와서 쓰이다가 그 본래의 뜻이 차차 사라지매, 토박이들이 「어늬, 뉘, 그」 등과 같이 말하다 보니까, 그만 「이」는 주격조사로 변하고 만 것이다. 이와 같은 사실을 뒷받침해 줄 또 한 가지 사실은 주어가 「이」로 끝나거나, 대명사 「이」일 때는 주격조사 「이」는 생략되는데, 이와 같은 사실은 같은 낱말이 중복되어 쓰이는 것을 꺼리는 데서 나타난 언어 사실로서 주격조사 「이」는 대명사 「이」에서 왔다는 사실을 확실히 뒷받침하는 것으로 보아진다.

(7) a. 이 네 아슴가(是爾親眷那) (초노상 15B)

　　 b. 이 몯ᄃᆞ라 오니가(是相會來的) (초노상 15B)

　　 c. 이 내 이우지라(是我街坊) (초노상 16A)

　　 d. 이 내 녯 주인 지비니(是我舊主人家) (초노상 17A)

　　 e. 大臣須達이라 호리 잇ᄂᆞ니 (석보 6-28)

　　 f. 어듸사 됴흔 ᄯᅡ리 양ᄌᆞ ᄀᆞᄌᆞ니 잇거뇨 (석보 6-26)

(7a, b, c, d)의 「이」는 삼인칭의 인칭대명사와 지시대명사이므로 그와 같은 낱말에서 발달한 주격조사 「이」를 생략하였으며, (7e, f)의 「호리, ᄀᆞᄌᆞ니」의 「이」 또한 위에서와 같은 이유에서 그 다음에 주격조사를 취하지 아니하였다. 이상과 같은 사실 이외에도 다음과 같이 대명사 「나, 너, 그, 저」에 「이」가 와서 하나의 어절을 이루면, 성조에 변화가 생기는데 ᄀ것은 「·이」는 거성인데 반하여 그 앞에 오는 대명사 「나, 너, 그, 저」들은 평성이므로, 사실상 이들은 「ㅏ」가 「이」를 꾸미는 관계에 있었는데, 하나의 어절로 합하다 보니 상성이

된 것이다. 그러므로 여기서도 「이」가 삼인칭의 인칭대명사와 지시대명사였다는 암시를 충분히 받을 수 있다고 생각된다.

(8) a. 나+·이= : 내 (석보 13-55)

　　 b. 너+·이= : 네 (능엄 6-91)

　　 c. 그+·이= : 긔 (용비 39)

　　 d. 저+·이= : 제 (월석 1-62)

끝으로 「이」로 끝나는 명사가 와도 주격조사 「ㅣ」가 쓰이는 일이 있었는데, 이것도 「ㅣ」가 앞 명사를 받고 있다는 증거로 보아진다.

(9) a. 是ㅣ 物이라 (능엄 2-34)

　　 b. 理ㅣ 붉고 (육조 서-6)

　　 c. 利ㅣ 無窮호믈 (금강 47)

　　 d. 如來ㅣ 성녜 이셔 (법화 5-146)

(9a)의 뜻은 '是 이것'이요, (9b)의 뜻은 '理 이것'이며, (9c)의 뜻은 '利 이것'으로 풀이되었을 것이다. 그리고 (9d)는 「如來 이이」로 풀이하고 이해하였을 것으로 이해된다.

이상에서 상고한 바에 의하여 결론적으로 말하면, 오늘날의 주격조사 「이」는 옛날에는 삼인칭의 인칭대명사 및 지시대명사였던 「이」가 문장 중에서 항상 명사 다음에서 쓰이다가, 그 고유한 의미를 잃게 되면서 앞 명사와 합하여, 하나의 어절로 읽히게 되다가 드디어는 조사로 굳어져 버린 것이라 말할 수 있다.

「가」의 어원에 대하여는 아직 확실한 어떤 단서를 잡기가 매우 우려우나, 먼저 앞선 연구에 대하여 소개하고 다음에 글쓴이의 의견을 말하고자 한다.

람스테트는 「가」를 선행하는 명사의 모음 뒤에만 쓰이는데, 주어 뒤에 오는 접속조사라고만 설명했을 뿐이고 더 이상의 설명은 하지 않았다.[4]

그런데 일본인 학자 하마다(濱田)는 「가」의 성립은 새로운 구어에서 생겼을 것이라고 하면서『첩해신어』에서는 두 개의 예가 나타날 뿐인데, 중간개수『첩해신어』에서는 여섯 개의 예가 나타난다고 하였다. 그리고『인어대방(隣語大方)』전 열권에서 보면, 89개의 예가 나타난다고 하고는 그것을 다 예시하고 난 다음에 아메모리(雨森芳洲) 님이 엮은『교린수지(交隣須知)』라는 책이 네 권이 있는데, 여기서는 186개(권1에 54, 권2에 62, 권3에 51, 권4에 19)가 있다 하고, 또 예시를 하고 나서 「가」의 나타나는 빈도수가 성립시기의 오래된 것보다 새것에 올수록 차차 많아지는데, 그 언어가 다른 자료보다도 오히려 더 속오적 성격이 강한 데도 그 이유가 있는 것이 아닌가라고 하였다. 그리고 위에 든 자료의 하나하나에 공통적인 사실은 「가」가 오는 체언에 아마 음운적 이유가 있는 것이 아닌가라고 하고, 분명한 것은 그 체언의 대부분이 「-i」로 끝나는 체언과 함께 초기에 「가」와 결합할 수 있는 자격을 가지게 되었을 것이라는 것을 지적하고 있다. 그러나 그것이 음운적인 이유에서였다면 한자말이 「-i」로 끝나지 아니하였는데도 다음과 같이 「-i」 다음에 「가」가 온 것이

---

4) G. J Ramstedt, 1949, Studies in korean Etymology, pp.80~81, Helsinki, Suomalais-Ugrilainen Seura.

문제가 된다.

(10) a. 丈夫ㅣ가 (교린수지 2-6)

b. 獅子ㅣ가 (교린수지 2-6)

(10a~b)에서 「ㅣ」는 일종의 조성모음적 구실을 하는 것으로 보이며, 「가」는 「가다」의 줄기 「가」에서 왔을 것이라고 하는 이도 있으나, 그것은 믿을 수 없고 본래 주격을 나타내는 것이 아니었고 오히려 광의의 강조 또는 협의의 감동 내지 의문의 뜻을 나타내던 감탄조사적인 것이 아니었을까 한다. 그것이 주격에 오는 체언에 항상 오는 것이 아니고 특정한 것에만 더구나 산발적으로 붙여 쓰였다는 사실도 이 주장을 말하는 것으로 생각된다고 하여 결국 주격조사 「가」는 강조나 의문을 나타내던 감탄사에서 왔다고 결론내리고 있다.

하마다(濱田)는 주격조사 「가」를 감탄이나 감동 내지 의문의 뜻을 나타내던 느낌감탄조사적인 것이 아니었을까 하였는데, 그것은 일본어의 「か」가 감동을 나타내는 조사인데서 그렇게 결론지은 것 같으나, 반드시 그렇지는 아니하다.

그러면 우리의 옛글에서는 언제부터 「가」가 나타나는가를 보기로 하겠다.

(11) a. 춘 구두리 자니 비가 셰 니러서 주룩 돈니니 (송강자당 편지, 선조 5년)

b. 청음은 더리 늘그신 닉가 드러와 곤고ᄒᆞ시니 (효종언간)

c. 니광하가 통례 막혀 압히 인도ᄒᆞ올제 (숙종언간)

d. 죵이 미련ᄒᆞ여 춘 ᄇᆞ롬을 뽀여 두드럭이가 블의의 도다 브어

오르니 (인조왕후 언간)

e. 多分히 빗가 올 것이니 遠見의 무러 보옵소 (첩해 1-8)

f. 東萊가 요수이 편티 아니ㅎ시더니 (첩해 1-26)

g. 어인 놈의 八字ㅣ가 晝夜長常에 곱숑그려서 잠만 자노 (가곡원류)

(11a)에서 보면 「가」가 나타난 것은 16세기 후반기, 즉 1571년에 처음 나타났으니 임진왜란 전부터 우리 문헌상에 나타났다. 따라서 「가」가 임진왜란으로 인하여 일본 것이 우리말에 들어왔다는 것은 도저히 있을 수 없는 일이며 아마 입말에서 쓰였던 것이 문헌에 정착한 것으로 보인다. (11a~f)까지는 그저 「가」가 쓰인 예를 보인 것이나, 중요한 것은 하마다(濱田)가 말한 (10a~b)와 (11g)의 「八字ㅣ가」인데, 이런 예들을 가지고 보면 「ㅣ」와 「가」가 둘이 합한 것으로 보인다. 등질의 말이 두 개 합치는 것은 우리말의 한 특징인데, '외가집, 역전앞, 처가집…' 등과 같이 대개는 우리말과 한자말 또는 한자말과 우리말의 순으로 중첩되는 것이 특징이다. 더구나 조사에서도 형태는 달라도 뜻이 같은 두 개의 조사가 겹쳐지는 일이 있으니 「으로+써」 「에서+부터」가 그것이다. 다음의 예를 보기로 하자.

(12) a. 네가 키가 크다.

b. 죽느냐 사느냐가 달려 있다.

c. 내가 물이가 먹고 싶다.

본래, 조사의 어원을 살필 때는 현대어에서 그 문맥적 의미를 파악하면 쉽게 그 어원을 짐작할 수 있는데, (12a)에 의하면 「가」의 문맥적 뜻은 「이」와 조금도 다름이 없다. 더구나, (12b)에서 '죽느냐 사느냐 이것 달려 있다'로 풀어도 조금도 이상할 것이 없다. 그런데 (12c)의 예는 함경도 출신인 동료 교수의 하는 말을 인용한 것인데 「이가」는 「이」나 「가」 하나를 쓰는 것보다 그 뜻이 다소 강조된다고 하는데, 이 사투리는 단순히 보아 넘길 것이 아니고 (10a~b)나 (11g) 와 반드시 관련이 있는 것으로 보인다. 그런데 우리말 조사의 발달 원리에 비추어볼 때 「가」는 「이다」의 굴곡형인 「이가」는 아닌 것 같고, 틀림없이 하나의 실사에서 발달하여 온 것으로 추정되나, 이 것 또한 확실하지 않다. 「가」가 「ㅣ(亦)」계에서 온 것이 아닌지 하는 이도 있으나 『이두집성』에 의하면 「亦」은 음이 「이여(시), 가히」의 두 가지로 읽혔다고 설명되어 있고 뜻은 「이, 도」였다고 설명되어 있다. 그런데 「亦」가 어찌하여 「가히」로 읽혔는지는 모르겠으나 여 기에서 「히」가 떨어지고 「가」가 주격조사로 되었다고 보기도 어렵 다. 그런데 글쓴이는 최근에 청주 북일면 순천 김씨 묘에서 나온 편지를 살펴보다가 「가」 주격조사의 어원을 확인할 수 있는 자료를 몇 개 찾아내었기에 그것으로써 「가」의 어원을 밝혀볼까 한다. 먼저 예문을 들어보겠다.

(13) a. 뉴더기는 내게도 하 노호와 즉시로 주고져 호딕 가도 네 비ᄅᆞ글 고 가셔 ᄯᅩ ᄃᆞ라나면 네 혼긔 딀 거시오 이실 겨규는 ᄭᅳᆷ도 아니 코 가라 ᄒᆞ면 져믄 사름도 몯 견듸는 거시 내 <u>가</u>. 어늬 어호로이 시리 ᄒᆞ니 몯 보내거니와 그 녀니 안쥭 와시니 누겨 현마 엇디 리 비러 ᄇᆞ려라. (순김 71)
    b. 글사나나 오고 남기나 뷔고 교텨 명쉬를 ᄃᆞ려다가 무러 ᄒᆞ새 바조 옷 닉일 드듸게 되면 내 <u>가</u> 긔결ᄒᆞ고 오리. 바조옷 하면 ᄇᆞ듸보기 이셰야 ᄒᆞ려니와 바로 옷 모릭나 홀 양이면 나모 ᄒᆞ

라 브듸 보내소. (순김 130)

(13a~b)에서 보면 「-가」는 상당히 강조하는 뜻으로 짐작된다. 옛날 이두에서 「亦」이 주격조사로 쓰인 예가 많은데, 그 뜻은 '또한/역시'였다. 또한 옛글에서 보면 "주어가 1인칭인 문장의 서술어에 들어가 강조하는 말로 쓰인 일이 있다. '王이 나ᄅ 샤디 내 命 그추미사 므더니 너기거니와 내 아둘…'의 밑줄 부분인데 '너기거니와…'로 될 것이 「-가」로 되었으며 '亦' 또한 '이것도 저것도 마찬가지'라는 뜻이 있고, '별 뜻이 없이 가볍게 첨가하여 쓰이기도 하였다"(『한잔자전』 亦조)고 한다. 따라서 글쓴이는 「가」는 옛날 주격에서 별 뜻이 없이 쓰였던 말이거나, 아니면 강조하는 말이었을 것으로 보인다. 특히 (13b)의 「-가」는 강한 어조로 보인다.

2. 현대어에서의 「이/가」의 용법

주격조사 「이」와 「가」는 형태가 다르기 때문에 구별하여 다루어야 하겠으나 그 용법이 같기 때문에 여기서 같이 다루기로 한다. 다만 「이」 주격조사는 주어가 폐유절일 때에 쓰이고 「가」는 주어가 개음절일 때에 쓰임이 다를 뿐이다.

〈1〉 주어가 의문사 '누구, 어디, 언제, 아무데, 어떤데, 어떤 때, 어느 때' 등인 의문문에서는 언제나 주격조사는 「가」가 쓰인다.

ㄱ. 누구가 나를 찾아왔느냐?

ㄴ. 어디가 우리가 쉴 곳이냐?

ㄷ. 언제가 너의 생일이냐?

ㄹ. 아무데가 집터로서 네 마음에 드느냐?

ㅁ. 어떤 데가 재실터로서 네 마음에 드느냐?

ㅂ. 일생을 통하여 어떤 때가 제일 좋았느냐?

ㅅ. 하루를 통하여 어느 때가 공부하기에 제일 좋으냐?

〈2〉 의문사가 아닌 지시대명사 '다른데, 여기, 거기, 저기, 이리, 그리, 절, 이때, 그때, 접때, 다른 때' 및 '요기, 고기, 조기, 요리, 고리, 조리, 요때, 고때' 등이 주어가 될 때는 주격조사는 「가」가 된다.

ㄱ. 여기 말고 다른 데가 또 있느냐?

ㄴ. 나는 여기가 마음에 제일 든다.

ㄷ. 여기보다 거기가 어쩌하냐?

ㄹ. 나는 저기가 제일 좋다고 생각한다.

ㅁ. 그리부터 이리가 너의 땅이다.

ㅂ. 이리부터 그리가 너의 땅이다.

ㅅ. 저리가 철수의 소유한 땅이다.

ㅇ. 공부하기는 이때가 제일 좋다.

ㅈ. 내가 초등학교 다닐 때 그때가 참 좋았다.

ㅊ. 접때가 그의 생일이었다.

ㅋ. 그때 말고 다른 때가 좋은 때가 없느냐?

ㅌ. 쉼터로서 요기가 참 좋다.

ㅍ. 쉼터로서 고기가 어떻냐?

ㅎ. 쉼터로서 조기가 제일 좋다.

ㄱ'. 요리가 놀기 좋다.

ㄴ' 고리가 내 땅이다.

ㄷ'. 조리가 네 땅이다.

ㄹ'. 우리가 공부할 때는 요때가 좋은데.

ㅁ'. 우리가 어릴 때 고때가 참 좋았는데.

《3》 의문사로 된 의문문의 답문장에서의 주어에는 반드시 주격조사는 「이/가」가 온다.

ㄱ. ⅰ. 누구가 서울에 갔느냐?

ⅱ. 철수가 서울에 갔다.

ㄴ. ⅰ. 어느 분이 국어 선생님이시냐?

ⅱ. 이분이 국어 선생님이시다.

ㄷ. ⅰ. 어떤 분이 이 일을 하였느냐?

ⅱ. 저 어른이 하였습니다.

ㄹ. ⅰ. 어떤 이가 이런 짓을 하였나?

ⅱ. 저 어른이 하였습니다.

ㅁ. ⅰ. 어떤 사람이 왔더냐?

ⅱ. 경찰관이 왔다 갔습니다.

ㅂ. ⅰ. 어디가 경치가 좋으냐?

ⅱ. 삼각산이 경치가 좋습니다.

ㅅ. ⅰ. 어떤 데가 놀기가 좋으냐?

ⅱ. 물이 있는 곳이 좋습니다.

ㅇ. ⅰ. 언제가 여름방학이냐?

ⅱ. 20일이 방학입니다.

ㅈ. ⅰ. 놀기가 어느 때가 좋으냐?

　　ⅱ. 봄철이 놀기가 좋습니다.

ㅊ. ⅰ. 무엇이 이곳을 지나갔느냐?

　　ⅱ. 참새가 지나갔습니다.

ㅋ. ⅰ. 어느 것이 네 것이냐?

　　ⅱ. 이것이 제 것입니다.

　위의 (ㄱ~ㅋ)에서 의문사로 된 의문문에 대한 답문장 ⅱ에서 보면 주어의 주격조사는 모두가 「이」 아니면 「가」로 되어 있다. 이것이 「이/가」의 문법이다.

　⟨4⟩ 주어가 두 개 있을 때, 그 중에서 하나를 선택시키는 의문문에서는 언제나 주어에 「이/가」가 온다.

ㄱ. ⅰ. 저 붉은 건물이 공과대학입니까? 저 흰 건물이 공과대학입니까?

　　ⅱ. 저 붉은 건물이 공과대학입니다.

ㄴ. ⅰ. 이번 발표회에서는 김교수가 합니까? 이교수가 합니까?

　　ⅱ. 이교수가 합니다.

ㄷ. ⅰ. 이것이 내 것입니까? 저것이 내 것입니까

　　ⅱ. 저것이 내 것입니다.

ㄹ. ⅰ. 무궁호가 좋습니까? 벚꽃이 좋습니까?

　　ⅱ. 무궁화가 좋습니다.

ㅁ. ⅰ. 봄이 좋습니까? 가을이 좋습니까?

　　ⅱ. 가을이 좋습니다.

(ㄱ~ㅁ) i의 의문문에 대한 답문장 (ㄱ~ㅁ)의 ii의 주어에도 반드시 조사 「이/가」가 쓰인다.

〈5〉 '~보다 ~쪽이 ~니까', '~중에서 ~이 제일 ~습니까'와 같은 문장은 주어가 바른가, 바르지 않는가를 묻는 문장인데, 이와 같은 문장에서는 언제나 주어에 조사 「이/가」가 쓰인다.

ㄱ. i. 서울역까지 가는데 택시보다 버스가 빠릅니까?
　　ii. 택시쪽이 빠릅니다.
ㄴ. i. 3시 10분발 기차와 3시 20분발 기차가 다 부산행이네요. 3시 10분발 기차가 더 빨리 도착합니까?
　　ii. 3시 20분발 기차가 더 빨리 도착합니다.
ㄷ. i. 이 학급 학생 중에서 누구가 공부를 제일 잘 합니까?
　　ii. 저 학생이 공부를 제일 잘 합니다.
ㄹ. i. 여러 학생 중에서 누구가 나를 따르겠습니까?
　　ii. 제가 따르겠습니다.
ㅁ. i. a, b, c 중에서 어느 것이 제일 좋습니까?
　　ii. c가 제일 좋습니다.

(ㄱ~ㅁ)의 i의 질문에 대하여 답한 (ㄱ~ㅁ)의 ii에서의 주어에는 반드시 임자자리조사는 「이/가」가 쓰임을 알 수 있다.

〈6〉 '이떤 철이 가장 더우냐?', '어느 것이 좋으냐?'와 같이 주어가 어느 것인가를 택하여 들을이에게 전달하는 문장에서는 언제나 주어에 「이/가」를 사용한다.

ㄱ. 한국은 일년 중 7월이 제일 덥다.

ㄴ. 그렇습니다마는 이 푸른 스웨터가 좋습니다.

ㄷ. 일주일 중 토요일이 제일 마음에 든다.

ㄹ. 이 셋 중 어느 것이 가장 마음에 드느냐?

ㅁ. 우리나라는 정월이 제일 춥다.

〈7〉 문장 조각에 '누군가', '무엇인가', '어느 것인가' 등이 있으면 주어에는 임자자리조사 「이/가」가 온다.

ㄱ. 자네가 누구인가?

ㄴ. 이것이 무엇인가?

ㄷ. 네 것이 어느 것인가?

ㄹ. 여기가 어디인가?

ㅁ. 자네 결혼 날자가 언제인가?

〈8〉 주어가 '모르는 사람', '많은 사람', '새로운 유학생 몇 명'과 같이 확실하지 않는 명사일 때는 주어에 「이/가」가 쓰인다.

ㄱ. 모르는 사람이 나를 찾아 왔다.

ㄴ. 알지도 못하는 사람이 나를 찾아 왔더라.

ㄷ. 많은 사람들이 추석에 고향으로 떠났다.

ㄹ. 수많은 노동자들이 시위를 하고 있다.

ㅁ. 새로운 유학생 세 명이 들어왔다.

ㅂ. 두 명의 학생이 전학하여 왔다.

ㅅ. 열 사람 모집에 겨우 한 사람이 지망하였다.

〈9〉 서술어 앞에 나온 동사와 같은 동사가 있고 전하고 싶은 부분이 주어일 때는 주어에는 「이/가」를 붙인다.

　　ㄱ. ⅰ. 누구가 김군의 전화번호를 아느냐?
　　　　ⅱ. 아마 이군이 알고 있을 것입니다.
　　ㄴ. ⅰ. 누가 거기를 가겠는가?
　　　　ⅱ. 제가 가겠습니다.
　　ㄷ. ⅰ. 네가 축구를 잘 하는구나.
　　　　ⅱ. 예, 제가 축구를 잘 합니다.
　　ㄹ. ⅰ. 자네가 이것을 어디서 주웠는가?
　　　　ⅱ. 제가 학교에서 주웠습니다.
　　ㅁ. ⅰ. 지금 서울에는 비가 오는가?
　　　　ⅱ. 지금 서울에는 비가 옵니다.

〈10〉 서술어의 앞에 나온 명사와 같은 명사가 있고 상대방에게 전하고 싶은 부분이 주어일 때는 주어에는 주격조사 「이/가」가 온다.

　　ㄱ. ⅰ. 저 산이 삼각산이냐?
　　　　ⅱ. 예, 저 산이 삼각산입니다.
　　ㄴ. ⅰ. 여기가 자네 고향인가?
　　　　ⅱ. 여기가 저의 고향입니다.
　　ㄷ. ⅰ. 서울에는 참으로 차가 많구나.
　　　　ⅱ. 참으로 차가 많습니다.
　　ㄹ. ⅰ. 누군가가 김군의 집을 아느냐?
　　　　ⅱ. 아마 이군이 김군의 집을 알고 있을 겁니다.

ㅁ. ⅰ. 여기가 심군의 마을이냐?

ⅱ. 예, 여기가 심군의 마을입니다.

〈11〉 서술어에 앞에서 나온 명사나 동사와 관계가 있는 명사나 동사나 형용사가 오고, 전하고 싶은 부분이 주어일 때는 주어에 주격조사 「이/가」가 온다.

ㄱ. ⅰ. 인감증이 필요하십니까?

ⅱ. 이것이 임감증 신청서입니다. 여기에 써 주십시오.

ㄴ. ⅰ. 좋은 시계를 가지고 있네요.

ⅱ. 예, 아버지가 입학 선물로 이 시계를 사주었습니다.

ㄷ. ⅰ. 이번 시합에서는 지고 말았습니다.

ⅱ. 김군이 잘못해서 졌습니다. 풍만 떨고 다녔으니까요.

ㄹ. ⅰ. 이번 시합에서는 이겼습니다.

ⅱ. 모두가 열심히 하였기 때문입니다.

ㅁ. ⅰ. 모두가 좋아하네요?

ⅱ. 우리가 시합에서 이겼기 때문입니다.

〈12〉 주어가 '사물'이면서 동사, 예를 들면 '보이다', '시작하다', '결정하다' 등을 사용하여 사건을 나타내는 문장에서는 주어에 「이/가」가 온다. 이때 주어는 지금까지의 이야기 속에 나온 적이 없는 명사인 경우가 많다.

ㄱ. 서울이다. 삼각산이 보인다.

ㄴ. 전화벨이 울리기 시작한다. 누가 나와 받아라.

ㄷ. 어제 오래간만에 철수한테서 편지가 왔다.

ㄹ. 어제 그 일이 결정되었다.

ㅁ. 우리 학교는 여덟 시에 수업이 시작된다.

〈13〉 '오다', '~어 오다' 등, 즉 '들어왔다', '말을 걸어왔다' 등을 사용하여 남이 자기 앞에 나타난 것을 본 대로 서술하는 문장이나 '~있다', '~고 있다' 등, 즉 '자고 있다', '서 있다' 등을 사용하여 남이 자기 앞에 있는 것을 본 그대로 서술하는 문장에서는 주어에 「이/가」가 온다.

ㄱ. 서울역에서 손님을 기다리고 있는데 어떤 여자가 말을 걸어 왔다.

ㄴ. 내가 보니까, 철수가 밥을 먹고 있더라.

ㄷ. 대낮에 철수가 잠을 자고 있더라.

ㄹ. 길가에 장성이 서 있다.

ㅁ. 철수가 아파서 누워 있었다.

ㅂ. 잉어는 주둥이 양 끝에 수염이 있다.

ㅅ. 무사히 강을 건넜다는 설화가 있기 때문이다.

ㅇ. 물고기가 재앙을 막아 주는 기능이 있다고 믿는다.

ㅈ. 시간은 12시가 넘어 있었다.

ㅊ. 북한은 진짜로 핵무기를 가질 의도가 있다고 분석했다.

ㅋ. 제가 문제가 있습니다.

ㅌ. 신통력으로 사람을 보호해 준다는 믿음이 있었던 것은 아닐까?

ㅍ. 대문 안쪽 위에 북어를 매달아 놓는 풍습이 있다.

ㅎ. 편년 가락국기에는 대충 이런 내용이 적혀 있다.

〈14〉 '돌아가다', '입원하다' 등 뜻밖의 사건이나 놀란 사건이 일어난 것을 서술하는 문장에서는 주어에 「이/가」가 온다.

　ㄱ. 어제 오후에 철수가 입원하였다.
　ㄴ. 오늘 철수가 집으로 돌아갔다.
　ㄷ. 1950년에 6.25사변이 일어났다.
　ㄹ. 태평양전쟁이 언제 터졌지?
　ㅁ. 오늘 아침에 저 성이 무너졌다.
　ㅂ. 어제 철수가 차에 치였다.

〈15〉 '평소와는 다르나, 지금 ~하다'라는 사실을 나타내는 형용사를 이용하여 놀란 일을 나타내는 문장에서는 주어에 「이/가」를 붙인다. 이것은 본 일을 사건으로서 그대로 나타내는 문장이다.

　ㄱ. 아, 서쪽 하늘이 빨갛다.
　ㄴ. 옆방이 아주 시끄럽다.
　ㄷ. 난리가 나서 온 세상이 떠들썩하다.
　ㄹ. 왜 집안이 이리 소란스러우냐?
　ㅁ. 왜 사람들이 이리 떠드느냐?
　ㅂ. 불이야, 불이야, 불이 났다.

〈16〉 '급살병이 나다', '불통이다', '위독하다'… 등을 사용하여 뜻밖의 사건이 일어난 것을 나타내는 문장에서는 주어에 조사 「이/가」를 붙인다.

ㄱ. 이 전화가 불통이다.

ㄴ. 그의 어른이 위독하시다.

ㄷ. 비가 많이 와서 이 둑이 아주 위험하다.

ㄹ. 그가 아파서 큰 일이 났다.

ㅁ. 철수가 급환으로 병원에 갔다.

〈17〉 어떤 능력이 있는가 없는가를 나타내는 '~ㄹ 수 있다', '뛰어나다', '잘 하다', '서툴다', '알다' 등을 서술어로 한 문장에서는 능력의 소유자에게는 「은/는」을 붙이고 능력의 내용에는 보통 「이/가」를 붙인다.

ㄱ. 김군의 스키가 뛰어나다.

ㄴ. 그의 언니는 계산이 서툴다.

ㄷ.ㄱ는 공부가 서툴다.

ㄹ. 철수는 머리가 아주 좋다.

ㅁ. 희현이는 골프가 아주 일품이다.

〈18〉 동사의 피동법 즉 '먹어지다', '읊어지다'… 등이 서술어가 될 때는 능력의 소유자에게는 「은/는」이 오고, 능력의 내용을 나타내는 부분의 명사에는 조사 「이/가」가 온다.

ㄱ. 그는 매운 요리가 먹어지나?

ㄴ. 그는 어려운 시조가 읊어지나?

ㄷ. 철수는 붓글씨가 잘 써지나?

ㄹ. 그는 건강이 좋아졌나?

ㅁ. 영희는 팔이 잘 움직여지나?

〈19〉 '재미있다, 좋다, 싫다, 부럽다, 싶다, 그립다, 무섭다, 기쁘다, 부끄럽다, 걱정이다…' 등이 서술어가 된 문장에서는 감정의 소유자에게는 「은/는」이 오고, 감정의 대상에는 「이/가」를 붙인다.

ㄱ. 나는 고향이 그립다.

ㄴ. 나는 김선생이 무섭다.

ㄷ. 나는 외국 소설을 읽는 것이 재미있다.

ㄹ. 나는 어디서나 곧 잠자는 사람이 탐난다.

ㅁ. 그는 노동하는 것이 부끄럽단다.

ㅂ. 철수는 할아버지가 매우 그립단다.

〈20〉 어떤 명사 N1의 성질을 나타내기 위하여 「N1은＋N2가＋형용사」와 같은 문장에서는 N1과 N2 사이에는 다음과 같은 관계가 있다.

첫째, N1이 N2를 소유하고 있는 듯이 느껴지는 관계, 둘째, N2가 사고 방법, 탄생, 영향 등 동사적인 명사이고 N1이 그것에 관계하는 명사일 때는 N2에는 「이/가」를 사용한다.

ㄱ. 이 버스는 창이 부서졌다.

ㄴ. 이 카메라는 쓰기가 간단하다.

ㄷ. 이 다리는 길이가 길다.

ㄹ. 이 문제는 풀기가 어렵다.

ㅁ. 이 기계는 다루기가 힘들다.

ㅂ. 그 사람은 사고방식이 고루하다.

ㅅ. 동경은 물가가 비싸다.

〈21〉 어떤 명사 N1의 성질을 나타내기 위하여 'N1은 N2가 N3이다'와 같은 문장을 사용하는 일이 있다.

ㄱ. 나는 의학도이므로 내과가 전공이다.

ㄴ. 이 사전은 새로운 어휘를 많이 실어 놓은 것이 특징이다.

ㄷ. 그는 많은 땅을 소유하고 있는 것이 자랑이다.

ㄹ. 영국은 많은 식민지를 소유하고 있는 것이 특징이다.

ㅁ. 한국은 데모가 많은 것이 수치이다.

〈22〉 '~은 ~한 일이 있다', '~은 ~하는 일이 있다', '~은 ~하는 일이 많다'와 같은 문장에서는 '~했다', '~하다'라는 동작을 하는 행위자에는 「은/는」이 오고, ~것에는 「이/가」가 온다.

ㄱ. 나는 학회에서 연구 발표를 한 일이 몇 번 있다.

ㄴ. 간장이 나쁜 사람은 술을 마시지 않는 것이 좋다.

ㄷ. 일이 많은 사람은 서둘지 않는 것이 좋다.

ㄹ. 철수는 집에서 공부를 하지 않는 것이 탈이다.

ㅁ. 이야기하기를 좋아하는 사람은 입을 다물지 못하는 것이 흠이다.

〈23〉 이미 알고 있는 명사에는 「은/는」이 오고, 상대방에게 알리고 싶은 사람 이름에는 「이/가」가 온다.

ㄱ. ⅰ. 이것은 아름다운 꽃이다. 이것은 누가 가져 왔나?

   ⅱ. 그것은 철수가 가져 왔다.

ㄴ. ⅰ. 이 책은 훌륭한 것이다. 누구의 책이냐?

   ⅱ. 그것은 철수가 산 책이다.

ㄷ. ⅰ. 여기에 돈이 있다. 누구의 돈이냐?

   ⅱ. 그 돈은 영희가 흘린 것이다.

ㄹ. ⅰ. 이 꽃은 참으로 아름답다. 누구가 가꾼 꽃이냐?

   ⅱ. 그것은 이름이 다알리야입니다.

ㅁ. ⅰ. 이 집은 참으로 좋구나. 철수의 집이냐?

   ⅱ. 이 집은 영희가 사는 집입니다.

〈24〉 '있다', '남아 있다', '쓰여 있다', '많다', '적다' 등과 같이 존재를 나타내는 동사나 형용사를 사용한 문장이나 '낚인다', '보인다', '행해진다' 등을 사용하여 어떤 장소에서 일어나는 사건을 나타내는 문장에서는 알고 있는 장소에 관하여 무엇인가를 전하고 싶을 때는 「에는」을 쓰고, 존재하는 것 또는 주어에는 「이/가」를 붙인다. 그리고 '자신이 있다', '관심이 있다', '아이가 있다' 등과 같이 소유를 나타내는 동사를 사용한 문장에서는 소유주에는 「은/는」을 붙이고 소유물에는 「이/가」를 붙이며 '필요하다', '부족하다' 등을 사용한 문장에서는 필요한 것에는 「이/가」를 사용한다.

ㄱ. ⅰ. 이 도서관에는 책이 몇 권 있느냐?

   ⅱ. 잉어는 주둥이 양끝에 수염이 있다.

   ⅲ. 시간은 12시가 넘어 있었다.

   ⅳ. 제가 문제가 있다.

ⅴ. 신통력으로 사람을 보호해 준다는 믿음이 있었다.

ㄴ. ⅰ. 이 강에는 고기가 많다.

    ⅱ. 그이에게는 돈이 많다.

    ⅲ. 서울에는 자동차가 너무 많다.

    ⅳ. 그는 허물이 너무도 많다.

    ⅴ. 그미는 옷이 많다고 자랑을 많이 한다.

ㄷ. ⅰ. 여기는 고기가 적다.

    ⅱ. 그는 복이 적은 사람이다.

    ⅲ. 돈이 적은 사람이 좋은 집을 사려고 하면 안 된다.

    ⅳ. 나이가 적은 사람이 참아야 한다.

    ⅴ. 그에게는 재물이 적다.

ㄹ. ⅰ. 여기서는 붕어가 잘 낚인다.

    ⅱ. 낙동강에서는 고기가 잘 낚이지 아니한다.

ㅁ. ⅰ. 여기서는 서울이 잘 보이지 아니한다.

    ⅱ. 나는 눈이 잘 보이지 아니한다.

    ⅲ. 이 산에서는 산삼이 잘 보이지 아니한다.

ㅂ. ⅰ. 여기서는 일이 잘 행해진다.

    ⅱ. 거기서는 일이 잘 행해지지 아니하였다.

ㅅ. ⅰ. 나는 이번 시험에는 자신이 있다.

    ⅱ. 나는 모든 일에 자신이 있다.

ㅇ. ⅰ. 그는 영화에 관심이 있다.

    ⅱ. 철수는 수학에 관심이 있다.

ㅈ. ⅰ. 그이에게는 세 이이기 있다.

    ⅱ. 영희에게는 공부 잘하는 아이가 둘 있다.

ㅊ. ⅰ. 그이이게는 많은 돈이 필요하다.

ii. 이 공원에 들어가려면 돈이 필요하다.

iii. 큰일을 하려면 많은 돈이 필요하다.

iv. 고시에 합격하려면 많은 실력이 필요하다.

v. 이 일을 해내려면 능력이 필요하다.

ㅋ. i. 그는 모든 면에서 능력이 부족하다.

ii. 그들은 무기가 부족하여 그 전쟁에서 졌다.

iii. 철수는 돈이 부족하여 집을 못 짓고 있다.

iv. 내가 무엇이 부족하여 그에게 지겠느냐?

v. 모심기를 하기에는 물이 부족하다.

〈25〉 홍정이나 값이 '싸다', '비싸다'라고 할 때의 '값'에는 「이/가」를 붙인다.

ㄱ. 이 차는 좋으나 값이 비싸다.

ㄴ. 이 옷은 값이 싸다.

ㄷ. 이 집을 사는데 돈이 얼마가 듭니까?

ㄹ. 이 소는 값이 얼마입니까?

ㅁ. 미국 가는데 비용이 얼마나 듭니까?

〈26〉 다음과 같은 부정문에도 「이/가」를 사용한다.

ㄱ. 야, 지갑이 없어졌다.

ㄴ. 그의 말소리가 들리지 않는다.

ㄷ. 이 사과는 사과다운 맛이 없다.

ㄹ. 오늘은 철수가 보이지 않는다.

ㅁ. 요즈음은 비가 오지 않는다.

〈27〉 '~때', '~까지', '~고 나서부터' 등과 같은 때를 나타내는 종속절의 주어와 주절의 주어가 다를 때는 종속절의 주어는 언제나 「이/가」를 붙인다.

ㄱ. 이웃에 큰 건물이 서고 나서부터 햇볕이 쪼이지 않는다.
ㄴ. 철수는 친구로부터 전화가 걸려 왔을 때, 일이 있어 집에 없었다.
ㄷ. 그가 잘 때까지 말이 많았다.
ㄹ. 그가 깨고 나서부터 정신이 들었다.
ㅁ. 어머니는 아들이 올 때까지 말이 없었다.

〈28〉 '~므로', '~아서', '~했기 때문에', '~한 대로' 등과 같이 조건이나 목적, 이유, 정도 등을 나타내는 경우 주절과 주어가 다를 때는 종속절의 주어에는 「이/가」를 붙인다.

ㄱ. 버스가 늦어서 학교에 지각하였다.
ㄴ. 선생이 말한 대로 그것은 좋은 논문이다.
ㄷ. 비가 오므로 나는 집에 있었다.
ㄹ. 그가 열심히 공부하였기 때문에 대학에 진학하였다.
ㅁ. 내가 말한 대로 그는 열심히 일하였다.
ㅂ. 공부가 싫어서 그는 학교에 가지 않는다.
ㅅ. 그기 게으르므로 모든 일이 실패한다.
ㅇ. 철수가 노력하였기 때문에 그는 성공하였다.

〈29〉 관형절을 꾸미는 관형절의 주어와 주절의 주어가 다를 때는 관형절의 주어에는 「이/가」가 쓰인다.

    ㄱ. 이것은 김군이 그린 그림이다.

    ㄴ. 나는 어제 모임에서 김 선생이 춤을 잘 추는 것을 보았다.

    ㄷ. 임이 떠나는 길을 누가 막을 수 있나.

    ㄹ. 책이 읽고 싶을 때는 읽어야 한다.

    ㅁ. 엄마가 보고 싶을 때는 견딜 수가 없다.

    ㅂ. 비가 올 때는 집에서 일해야 한다.

〈30〉 이동을 나타내는 동사의 주어에는 「이/가」가 쓰인다.

    ㄱ. 어떤 여자가 와서 내 책을 가져갔다.

    ㄴ. 그가 떠나자 우리는 집으로 왔다.

    ㄷ. 철수가 가자 영희는 울었다.

    ㄹ. 우리가 책을 옮기자 그 밑에서 돈이 나왔다.

    ㅁ. 세월이 가면 사람은 늙는다.

〈31〉 '~이라는 것', '~라는 이야기'와 같이 「~라는」 뒤에 명사가 있을 때 '~한다는 것'의 절 안에서는 주어에 조사 「이/가」가 쓰인다.

    ㄱ. 차가 없다는 것은 차를 타고 나갔다는 것이다.

    ㄴ. 돈이 없다는 것은 낭비했다는 증거이다.

    ㄷ. 물이 맑다는 것은 물고기가 없다는 것이다.

    ㄹ. 집이 없다는 것은 가난한 때문이다.

ㅁ. 내가 잘 산다는 것은 노력의 결과이다.

〈32〉 '~것 같다', '~는지 모르겠다' 등이 쓰인 주절에서는 주어에 「이/가」가 쓰인다.

　ㄱ. 저 산꼭대기에 올라가면 동해가 보일 것 같다.

　ㄴ. 그는 이런 곳이 싫을는지 모르겠다.

　ㄷ. 그는 여기가 싫은지도 모르겠다.

　ㄹ. 집에 가면 밥이 있을는지 모르겠다.

　ㅁ. 학교에 가면 그가 있을 것 같다.

　ㅂ. 저기에 가면 주막이 있을 것 같다.

〈33〉 '때문이다'를 사용한 문장에서는 풀이하는 부분의 뒤에는 「은/는」을 붙이고 까닭을 나타내는 부분 중에서는 「이/가」를 붙인다.

　ㄱ. 그가 논문 제목을 바꾼 것은 선생님이 그 제목은 어렵다고 하셨기 때문이다.

　ㄴ. 공부가 하기 싫은 것은 입맛이 없기 때문이다.

　ㄷ. 밥이 먹기 싫은 것은 입맛이 없기 때문이다.

　ㄹ. ⅰ. 그 녀석은 풍쟁이로 유명하다.

　　ⅱ. 그러므로 그 놈이 약속을 지킬 까닭이 없다.

　ㅁ. 입맛이 없기 때문에 밥을 먹지 아니하였다.

〈34〉 서술어가 「아니다」일 때는 그 앞의 주어에는 조사 「이/가」가 쓰인다.

ㄱ. 이것은 보석이 아니다.

ㄴ. 그는 학생이 아니다.

ㄷ. 그는 장군이 아니었다.

ㄹ. 여기는 옛 성터가 아니다.

ㅁ. 옛 백제의 싸움터는 여기가 아니다.

〈35〉 '~있기 때문이다', '~있기 때문에' 등이 서술어나 위치어로 쓰일 때는 그 앞의 주어에는 조사 「이/가」가 쓰인다.

ㄱ. 주몽 일행이 무사히 강을 건넜다는 설화가 있기 때문이다.

ㄴ. 그가 성공한 것은 그 아버지의 공이 있었기 때문이다.

ㄷ. 올해 풍년이 든 것은 비가 알맞게 왔기 때문이다.

ㄹ. 그가 왔기 때문에 나는 떠나지 못했다.

ㅁ. 날씨가 덥기 때문에 일하기가 힘든다.

〈36〉 '~무사히 ~하다' 또는 '~많이 ~하다' 등의 형식의 문장에서는 주어에는 조사 「이/가」가 쓰인다.

ㄱ. 주몽 일행이 무사히 강을 건넜다는 설화가 있다.

ㄴ. 올해는 감이 많이 열렸다.

ㄷ. 그는 일아 너무 많이 밀렸다.

ㄹ. 비에 옷이 많이 젖었다.

ㅁ. 눈이 많이 내렸다.

〈37〉 서술어가 형용사일 때는 그 앞의 주어에는 조사 「이/가」가 쓰인다.

  ㄱ. 여기에는 꽃이 아름답게 피었다.

  ㄴ. 돈이 많은 사람이 반드시 행복한 것은 아니다.

  ㄷ. 그는 코가 아주 크다.

  ㄹ. 그는 성격이 아주 사납다.

  ㅁ. 대체적으로 키가 큰 사람이 싱겁다.

단, 서술어가 형용사이더라도 특별히 대비하거나 지정하여 말할 때는 조사는 「은/는」이 쓰였다.

  ㄱ. 너는 예쁘기는 하나 머리는 나쁘다.

  ㄴ. 산은 높고 물은 깊다.

  ㄷ. 그는 착하기는 하다.

  ㄹ. 꽃은 아름다우나, 향기는 없다.

  ㅁ. 인생은 짧고, 예술은 길다.

⟨38⟩ 행동의 주체에는 조사 「이/가」가 온다.

  ㄱ. 영어가 글을 읽는다.

  ㄴ. 철수가 일을 한다.

  ㄷ. 학생이 육상경기를 한다.

  ㄹ. 농부가 밭을 간다.

  ㅁ. 기사가 차를 운반한다.

이때, 서술어의 행위는 주어의 본연의 행위이여야 한다.

〈39〉 서술어가 '없다'일 때에는 주어에는 조사 「이/가」가 쓰인다.

　　ㄱ. 그에게는 돈이 없다.
　　ㄴ. 이 도서관에는 그 책이 없다.
　　ㄷ. 그는 지조가 전혀 없다.
　　ㄹ. 우리나라에는 유전이 전혀 없다.
　　ㅁ. 철수는 실력이 아주 없다.

위의 예문에서 보면 '없다' 앞에는 존재의 위치어가 오든가 아니면 '없다'의 주체가 되는 주어가 오는 것이 특징이다.

〈40〉 '되다' 앞의 주어에는 조사 「이/가」가 쓰인다.

　　ㄱ. 물이 얼음이 되었다.
　　ㄴ. 철수가 학생이 되었다.
　　ㄷ. 영희가 미스코리아가 되었다.
　　ㄹ. 그가 대통령이 되었다.
　　ㅁ. 그가 위대한 과학자가 되었다.

〈41〉 맨 앞에 이유절이 와서 그 다음 관형절의 이유를 나타내고 그 관형절은 그 다음에 오는 주어를 꾸미고 그 주어의 서술어가 '있기 때문이다'일 때, 주어에는 조사 「이/가」가 온다.

ㄱ. 그때 물속에서 자라와 물고기가 떠올라와 다리를 놓아주어 주몽 일행이 무사히 강을 건넜다는 설화가 있기 때문이다.

ㄴ. 비가 많이 와서 옷이 젖은 철수가 불평하지 않고 모를 심고 있기 때문에 농사가 잘 될 것으로 생각된다.

ㄷ. 빚이 많아서 고생이 심한 어머니가 열심히 일하고 있기 때문에 우리가 안심하고 공부를 한다.

ㄹ. 성적이 좋아서 일등을 한 철수가 계속하여 열심히 공부를 하고 있기 때문에 좋은 학교에 진학할 것이다.

ㅁ. 마음씨가 좋아서 남의 칭찬을 받는 영희가 언제나 철수를 돌보고 있기 때문에 우리는 안심하여도 되겠다.

〈42〉 앞에 전제가 되는 문장이 나오고, 그 다음에 오는 관형절의 서술어가 '~이라는'일 때, 수식을 받는 뒷 절의 주어에는 조사 「이/가」 가 온다.

ㄱ. 고려시대의 윤관 장군의 엄니는 태몽으로 잉어를 껴안은 꿈을 꾸었다고 한다. 이는 잉어가 윤관의 가계인 파평 윤씨의 토템이라는 이야기가 된다.

ㄴ. 철수는 공부를 열심히 하였다. 이는 그가 우등생이 될 것이라는 이야기가 된다.

ㄷ. 올해는 비가 알맞게 왔다. 이는 풍년이 들 것이라는 징조가 될 것이다.

ㄹ. 그는 열심히 일을 한다. 이와 같은 일은 그가 부자가 될 것이라는 이야기가 될 것이다.

ㅁ. 올해는 풍년이다. 이는 내년도 풍년이 들 것이라는 전제가 될

것으로 생각된다.

〈43〉 앞에 전제가 되는 문장이 오고, 뒷문장의 서술어가 '~기 때문이다'가 될 때는 주어에 조사 「이/가」가 온다.

ㄱ. 조선시대에 만들어진 궤 반닫이 뒤주의 자물쇠를 물고기 모양으로 만든 것도 물고기가 감시자를 상징하기 때문이다

ㄴ. 그가 열심히 공부하는 것도 그가 성공하기 위하기 때문이다.

ㄷ. 비가 제때 오는 것도 금년이 풍년이 들 징조이기 때문이다.

ㄹ. 철수가 애쓰는 것도 그들이 잘 지내게 하기 위하기 때문이다.

ㅁ. 그가 공부를 잘 하는 것은 그가 부모에게 효도하고자 하기 때문이다.

〈44〉 대명사 '내', '네', '제' 다음에는 조사 「이」가 온다.

ㄱ. ⅰ. 그 일은 내가 하겠다.
ⅱ. 내가 내일 그 일을 해 내겠다.
ⅲ. 내가 그를 돕겠다.

ㄴ. ⅰ. 네가 그 일을 하겠느냐?
ⅱ. 내일 네가 가거라.
ⅲ. 그것은 내가 가지겠다.

ㄷ. ⅰ. 그 일은 제가 하겠습니다.
ⅱ. 그것은 제가 가지고 가겠습니다.
ⅲ. 제가 그 일을 하겠습니다.

⟨45⟩ 대명사 '그대', '자네'에는 조사 「가」가 온다.

  ㄱ. ⅰ. 그대가 이것을 하겠느냐?
    ⅱ. 그대들이 공부를 잘 하여야 한다.
    ⅲ. 그대가 나를 사랑한다고?
  ㄴ. ⅰ. 자네가 이것을 가지겠느냐?
    ⅱ. 자네가 이것을 가져가게.
    ⅲ. 자네가 이것을 먹게.

⟨46⟩ 대명사 '그', '그이', '저이', '이이'가 주어일 때 조사 「가」가 쓰인다.

  ㄱ. ⅰ. 그가 나의 친구일세.
    ⅱ. 그가 훌륭한 학자일세.
    ⅲ. 그가 착한 학생이다.
  ㄴ. ⅰ. 그이가 이름난 학자이다.
    ⅱ. 그이가 선생이다.
    ⅲ. 그이가 대통령이라고?
  ㄷ. ⅰ. 저이가 순경이다.
    ⅱ. 저이가 누구이냐?
    ⅲ. 저이가 면장일세.

⟨47⟩ 대명사 '어떤 이', '아무', '자기' 등에는 주격조사 「가」가 온다.

  ㄱ. ⅰ. 어떤 이가 나를 찾아왔다.

ⅱ. 어떤 이가 너를 찾더라.

ⅲ. 어떤 이가 책을 사 가지고 가더라.

ㄴ. ⅰ. 아무가 와도 나에 대하여 말하지 말라.

ⅱ. 아무가 찾아가도 대꾸하지 말라.

ⅲ. 아무가 무어라 하여도 믿지 말아라.

ㄷ. ⅰ. 그는 자기가 잘못해 놓고 말이 많다.

ⅱ. 그이는 자기가 잘 했다고 우겨댄다.

ⅲ. 누구든지 자기가 잘못했으면 순순히 자백하여라.

〈48〉 대명사 '이애', '그애', '저애' 등이 주어일 때, 조사는 「가」가 쓰인다.

ㄱ. ⅰ. 이애가 저의 제자입니다.

ⅱ. 이애가 몹시 착합니다.

ⅲ. 이애가 말이 많습니다.

ㄴ. ⅰ. 그애가 순진합니다.

ⅱ. 그애가 매사에 성실합니다.

ⅲ. 그애가 공부를 잘 합니다.

ㄷ. ⅰ. 저애가 길동입니다.

ⅱ. 저애가 부지런합니다.

ⅲ. 저애가 마음이 곱습니다.

〈49〉 대명사 '당신'이 주어일 때는 조사 「이」가 쓰인다.

ㄱ. 당신이 무엇을 합니까?

ㄴ. 당신이 이것을 가지시오.

ㄷ. 당신이 죽을 잡수시오.

〈50〉 대명사 '이분', '그분', '저분'이 주어일 때는 조사 「이」가 쓰인다.

ㄱ. ⅰ. 이분이 나의 선배이시다.

   ⅱ. 이분이 나의 친구이시다.

   ⅲ. 이분이 우리의 지도자이시다.

ㄴ. ⅰ. 그분이 너의 스승님이시냐?

   ⅱ. 그분이 철수의 선생님이시냐?

   ⅲ. 그분이 너의 선배이시냐?

ㄷ. ⅰ. 저분이 누구의 담임이시냐?

   ⅱ. 저분이 나의 선생님이시다.

   ⅲ. 저분이 애국자이시다.

〈51〉 대명사 '어떤 분', '어느 분'이 주어일 때는 조사 「이」가 쓰인다.

ㄱ. ⅰ. 어떤 분이 너를 찾아왔다.

   ⅱ. 어떤 분이 너의 아버지를 찾더라.

   ⅲ. 어떤 분이 나에게 길을 묻더라.

ㄴ. ⅰ. 어느 분이 나의 책을 가져갔을까?

   ⅱ. 어느 분이 여기를 지나갔을까?

   ⅲ. 어느 분이 우리가 이긴 것을 제일 좋아했을까?

〈52〉 대명사 '이 어른', '그 어른', '저 어른'이 주어일 때는 조사 「이」가 쓰인다.

   ㄱ. ⅰ. 이 어른이 나의 스승님이시다.

      ⅱ. 이 어른이 너의 스승님이시냐?

      ⅲ. 이 어른이 누구시냐?

   ㄴ. ⅰ. 그 어른이 너의 아버지이시냐?

      ⅱ. 그 어른이 누구의 아버지이시냐?

      ⅲ. 그 어른이 훌륭한 학자이시냐?

   ㄷ. ⅰ. 저 어른이 저이의 어른이시냐?

      ⅱ. 저 어른이 그 유명한 소설가이시냐?

      ⅲ. 저 어른이 누구시더라?

〈53〉 대명사 '어떤 어른', '어느 어른', '아무 어른'이 주어일 때 조사는 「이」가 쓰인다.

   ㄱ. ⅰ. 어떤 어른이 나를 찾더냐?

      ⅱ. 어떤 어른이 오셨거냐?

      ⅲ. 어떤 어른이 이 일에 대하여 물우시더냐?

   ㄴ. ⅰ. 어느 어른이 이 일을 물으시더냐?

      ⅱ. 어느 어른이 이 일을 옳다 하시더냐?

      ⅲ. 어느 어른이 너를 나무라시거냐?

   ㄷ. ⅰ. 아무 어른이 물어도 아르켜 드리지 말아라.

      ⅱ. 아무 어른이 오셔도 이것을 드려라.

      ⅲ. 아무 어른이 이겨도 우리는 상관이 없다.

〈54〉 다음과 같은 대명사의 복수형에는 주격조사 「이」가 쓰인다.

　ㄱ. 우리들이 이 시합에서 이겼다.

　ㄴ. 너희들이 이 일을 해 내겠느냐?

　ㄷ. 당신들이 잘 했다고 생각하는가?

　ㄹ. 그들이 이 시합에서 이겼다.

　ㅁ. 자네들이 좋은 일을 하였네.

　ㅂ. 저희들이 무슨 일을 하겠습니까?

위의 예를 든 이외의 복수 대명사 중 받침이 있는 것에는 주격조사는 「이」가 쓰이고 받침이 없는 것에는 「가」가 쓰인다.

〈55〉 포유문 주어에 조사 「은/는」이 오면 내포문의 주어에는 조사 「이/가」가 온다.

　ㄱ. 오형은 물고기 두 마리가 머리를 맞대려고 하는 모양의 사진을
　　　 보더니 물었다.

　ㄴ. 나는 영수가 공부하는 모습을 보고 놀랐다.

　ㄷ. 철수는 영희가 말하는 것을 듣고 그 뜻을 물었다.

　ㄹ. 세월은 물이 흐르는 것과 같이 빠르다.

　ㅁ. 김선생은 명희가 예뻐서 어쩔 줄을 모른다.

〈56〉 앞 절의 주어에 「은/는」이 오고, 뒷 절 안에 관형절이 오면 그 관형절의 주어에는 「이/가」가 온다.

ㄱ. 사실 쌍어의 중간 부분에 있는 물체는 인도식 탑 같기도 했지만 두부 장수가 흔드는 종을 엎어 놓은 것 같기도 하였다.

ㄴ. 영희는 성실하지마는 그미가 공부하는 데는 다소 소홀한 데가 있다.

ㄷ. 철수는 공부를 열심히 한다고는 하는데, 성과가 별로 있는 것 같지 아니하다.

ㄹ. 그는 언젠 열심히 일하는데, 비가 오는 날에는 집에서 일한다.

ㅁ. 그는 주경야독으로 열심히 공부하는데, 그가 성공할 날은 멀지 않았다.

〈57〉 주어의 서술어가 '~아니면 ~하다(~이다)'의 형식으로 되면 그 주어에는 「이/가」가 온다.

ㄱ. 사진에 찍힌 그 물고기를 붕어가 아니면 잉어임에 틀림없었다.

ㄴ. 그는 우등생이 아니면 열등생이다.

ㄷ. 이번 사건은 천재가 아니면 인재이다.

ㄹ. 그는 이번에는 승진이 아니면 면직이 확실하다.

ㅁ. 철수는 이번에 일등이 아니면 이등이 될 것이다.

〈58〉 주어에 「은/는」이 오고 서술어가 절일 때 그 주어에는 조사 「이/가」가 온다.

ㄱ. 나의 문헌 탐구는 그만 앞길이 막히고 만 것이다.

ㄴ. 그의 노력은 그만 희망이 없어지고 말았다.

ㄷ. 그의 탐구는 이것으로 끝이 나고 말았다.

ㄹ. 철수의 온천사업은 희망이 전혀 없어지고 말았다.

ㅁ. 그들이 우주 탐구는 무한한 연구와 노력이 필요하게 되었다.

〈59〉 하나의 절이 주어가 되고 그 문장 자체의 주어에 조사 「은/는」이 왔을 때 주절의 주어에는 조사 「이/가」가 온다.

ㄱ. 학창시절이 끝난다는 것은 참으로 아쉬운 일이 아닐 수 없었다.

ㄴ. 나의 계획이 빗나간 것은 치밀한 검토가 없었기 때문이다.

ㄷ. 세월이 빠르다는 것은 우리가 빨리 늙는다는 것이다.

ㄹ. 우리가 잘 삶은 모두가 하느님의 덕분이다.

ㅁ. 철수가 공부를 잘함은 머리가 좋아서이다.

〈60〉 문장 앞에 부사절이 어거 서술어가 '~하여 주었다', '~고 ~하다'로 될 때 그 문장의 주어에는 조사 「이/가」가 온다.

ㄱ. 대학 사년 동안은 상아탑이라는 울타리가 있어서 혹시 실수가 있어도 사람들이 귀엽게 보아주었다.

ㄴ. 우리가 손수레를 밀면서 힘들어 하니까, 길 가던 사람들이 도와주었다.

ㄷ. 우리가 힘이 들어 괴로와하는데, 철수가 와서 일을 도와주었다.

ㄹ. 비가 오는데, 아우가 우산을 가지고 왔다.

ㅁ. 술을 많이 마셔서 머리가 아프고 괴로웠다.

〈61〉 문장이 'A는/은 ~N이다'의 형식으로 되고 '~N이다' 앞에 관형절이 오면 그 관형절의 주어에는 조사 「이/가」가 온다.

ㄱ. 대학 캠퍼스는 어머니의 자궁 속처럼 따뜻한 곳이지만 사회는 맹수와 독충이 우글거리는 무서운 곳이다.

ㄴ. 가정은 우리가 행복을 누리는 파라다이스이다.

ㄷ. 학교는 우리가 학업을 배우는 전당이다.

ㄹ. 사회는 우리가 생업을 위하여 투쟁하는 눈에 보이지 않는 전쟁터이다.

ㅁ. 진리는 인생이 나아가는 길을 인도하는 나침반이다.

〈62〉 특히 지칭하여 가리키는 주어에는 조사 「이/가」가 온다.

ㄱ. 마치 양반의 비행을 풍자하던 가면극이 끝나고 다시 생산계층의 신분으로 돌아가야 하는 사람들이 느끼는 아쉬움이나 불안감과 비슷하다고나 할까.

ㄴ. 수로왕이 생전에 붕어를 좋아하셔서 매운탕을 잘 잡수셨단 말인가?

ㄷ. 옛날 어느 양반이 생전에 숭어를 좋아해서 그분의 제사상에는 반드시 숭어가 오른다는 얘기는 들은 적이 있지만 그분의 사당에 숭어의 그림을 조각해 놓았다는 얘기는 듣지 못했다.

ㄹ. 붕어는 체형이 잉어보다 짧고 잉어는 주둥이 양끝에 수염이 있다.

ㅁ. 내가 연구실에서 사진첩을 정리하고 있는데 동기생 오향이 말을 걸어왔다.

〈63〉 앞뒤 문장의 내용이 반대가 될 때는 그 주어에는 조사 「이/가」가 온다.

ㄱ. 그 시합에서 내가 이기고 철수가 졌다.

ㄴ. 아침에는 날이 밝고 저녁에는 날이 어둡다.

ㄷ. 해가 지면 달이 뜨고 달이 지면 해가 뜬다.

ㄹ. 낮이 길면 밤이 짧고 밤이 길면 낮이 짧다.

ㅁ. 키가 크면 싱겁고 키가 작으면 야무지다.

〈64〉 서술어가 '일어나다', '생기다' 앞의 주어에는 조사 「이/가」가 온다.

ㄱ. 그 다음 한참이 지나서 건무 24년(서기 48년) 술신 7월 27일에 무슨 사건이 일어난 듯한 기사가 보이더니

ㄴ. 1941년에 태평양전쟁이 일어났다.

ㄷ. 결혼한 지 얼마 안 되어 그이는 아이가 생겼다.

ㄹ. 1950년에 6.25 전쟁이 일어났다.

ㅁ. 그에게는 요즈음 큰일이 터졌다.

〈65〉 피동사 앞의 주어에는 조사 「이/가」가 쓰인다.

ㄱ. 7월 27일에는 무슨 사건이 일어난 듯한 기사가 보이었다.

ㄴ. 요즈음은 밥이 잘 먹어진다.

ㄷ. 나는 그때 마음이 놓이었다.

ㄹ. 글씨가 잘 쓰여진다.

ㅁ. 햇볕이 잘 쪼인다.

ㅂ. 베가 잘 짜여진다.

ㅅ. 차 때문에 길이 많이 막힌다.

ㅇ. 돈이 많이 걷힌다.

ㅈ. 난리통에 사람이 많이 밟혀 죽었다.

ㅊ. 문이 잘 닫히지 않는다.

ㅋ. 홍수로 길이 끊기었다.

ㅌ. 새끼가 차바퀴에 감기었다.

ㅍ. 그가 못에 찔리었다.

ㅎ. 연이 바람에 잘 날린다.

〈66〉 '~ㄴ는가?'로 끝나는 의문문의 주어에는 조사 「이/가」가 온다.

ㄱ. 아유타가 옛날 인도의 이름인가, 아니면 인도를 중국 사람들이 불교식으로 천축국이라고 부르듯이 어떤 다른 민족이 인도를 아유타국으로 부른 이름인가?

ㄴ. 네가 누구인가 말하여라.

ㄷ. 물가가 오르는가 오르지 않는가 걱정이다.

ㄹ. 그가 먹는가 굶는가 걱정이다.

ㅁ. 비가 오는가 눈이 오는가 잘 모르겠다.

〈67〉 서술어가 '~많아서였다'일 때 그 앞의 주어에는 조사 「이/가」가 온다.

ㄱ. 모르는 글자가 너무 많아서였다.

ㄴ. 그가 파산한 것은 빚이 너무 많아서였다.

ㄷ. 그가 이긴 것은 우리들이 응원하여서이다.

ㄹ. 내가 여기서 견디지 못하는 이유는 방이 너무 더워서이다.

ㅁ. 풍년이 든 까닭은 비가 알맞게 와서이다.

《68》 서술어가 '가다', '오다'… 등이면 그 주어에는 조사 「이/가」가 온다.

ㄱ. ⅰ. 꽃피는 동백섬에 봄이 왔도다.

　ⅱ. 봄이 오면 산에 들에 진달래 피네.

　ⅲ. 철수가 오거든 이것을 주어라.

　ⅳ. 비가 오면 생각나는 그때 그 사람.

　ⅴ. 가을이 오면 단풍이 든다.

ㄴ. ⅰ. 봄이 가면 여름이 온다.

　ⅱ. 네가 가면 누가 일을 하나?

　ⅲ. 모두가 가면 시끄러워 안 된다.

　ⅳ. 일이 되어 가는 형편을 보아 그 일을 처리하겠다.

　ⅴ. 우리가 가면 그는 달아날 것이다.

《69》 관형어가 '어떤 ~'이 되고 그 다음에 주어가 오면 그 주어에는 조사 「이/가」가 온다.

ㄱ. 어떤 다른 사람이 그것을 가져갔다.

ㄴ. 어떤 다른 민족이 인도를 아유타국으로 부른 이름인가?

ㄷ. 어떤 사람이 그런 말을 하더냐?

ㄹ. 어떤 누가 내 책을 가져갔지?

ㅁ. 어떤 사람이 너를 찾아왔더라.

〈70〉 '~되다'가 서술어가 되면 그 앞의 주어에는 조사 「이/가」가 온다.

ㄱ. 나의 허황옥에 대한 본격적인 연구가 시작되었다.

ㄴ. 허황옥과 김수로왕의 결혼 이야기가 기록되어 있는 책을 알아내었다.

ㄷ. 내가 얼굴이 검게 된 원인을 제공한 주인공이 바로 그 여인이기 때문이다.

ㄹ. 그때 일경의 조사가 시작되었다.

ㅁ. 그의 강의가 10시에 시작되었다.

〈71〉 주어 앞에 관형어가 오고 서술어가 '관형어+N+이다'로 끝나면 주어에는 조사 「이/가」가 온다.

ㄱ. 오늘날 감해 땅의 행정관인 주지사가 편수한 책이다.

ㄴ. 이 책은 내가 저술한 말본책이다.

ㄷ. 이 아름다운 연은 그가 만든 작품이다.

ㄹ. 저 웅장한 집이 그 유명한 문화재이다.

ㅁ. 이 아름다운 꽃이 내가 말한 다알리아이다.

〈72〉 주어 다음에 '관형어+목적어+~자'로 되는 절의 주어에는 조사 「이/가」가 온다.

ㄱ. 우리가 선생님의 이야기에 관심을 쏟자 신이 난 약사 선생님은 이야기를 계속하였다.

ㄴ. 내가 재미있는 책을 읽기 시작하자 방안은 조용하였다.

ㄷ. 철수가 이상한 행동을 하자 그들은 달아나버렸다.

ㄹ. 선생님이 재미있는 이야기를 하자 아이들은 열심히 들었다.

ㅁ. 내가 아름다운 꽃을 사자 그들도 따라 샀다.

〈73〉 주어 다음에 서술어가 '의문사+이다'로 되면 그 주어에는 조사 「이/가」가 온다.

ㄱ. 그 공주의 이름이 뭔지 아니?

ㄴ. 이 상자 안에 든 것이 무엇인지 맞추어 보아라.

ㄷ. 여기가 어디인지 알아보아라.

ㄹ. 무엇이 무엇인지 도저히 모르겠다.

ㅁ. 어디가 어디인지 분간을 차리지 못하겠다.

〈74〉 주어 앞에 서술어나 서술절이 오고 그 주어의 서술어가 '~인 것이다'로 끝나면 주어에는 조사 「이/가」가 온다.

ㄱ. 한국 사람의 조상 중의 하나인 김수로왕이 멀리 인도 출신의 여자를 왕비로 삼은 것이다.

ㄴ. 착한 사람이 착한 일을 하는 것이다.

ㄷ. 굳센 마음이 굳센 일을 해내는 것이다.

ㄹ. 이 착한 학생이 이 훌륭한 일을 해낸 것이다.

ㅁ. 악한 마음이 악한 일을 저지르고 미는 것이다.

〈75〉 'N1이 N2이 넘으면'의 형상의 절에서는 '넘으면'의 앞에 오는 N2에는 언제나 조사 「이/가」가 온다.

ㄱ. 나이가 팔십이 넘으면 노인이라 한다.

ㄴ. 촌수가 십촌이 넘으면 남이라 한다.

ㄷ. 그는 이가 두 살이 넘어서 시험을 볼 자격이 없다.

ㄹ. 나이가 20살이 넘으면 완전한 하나의 인격체이다.

ㅁ. 그는 나이가 20살이 넘어서 공부를 시작하였다.

〈76〉 주어에는 「은/는」이 오고 서술어가 '~하는 것이 좋다'로 되는 문장에서는 '좋다' 앞의 주어에는 언제나 「이/가」가 온다.

ㄱ. 관습적으로 동성동본은 결혼을 피한다는 사실을 명심해 두는 게 좋다.

ㄴ. 친구끼리는 잘 지내야 한다는 사실을 명심하는 것이 좋다.

ㄷ. 너는 이것을 잘 간수해야 한다는 사실을 알아두는 것이 좋다.

ㄹ. 너는 공부를 잘 해야 한다는 것을 명념하는 것이 좋다.

ㅁ. 하늘은 스스로 돕는 자를 돕는다는 사실을 알아두는 것이 좋다.

〈77〉 주어에는 「은/는」이 오고 서술어가 '~아닌가?'로 끝나고 '~…' 앞에 관형절이 올 때 그 관형절의 주어에는 「이/가」가 온다.

ㄱ. 인도 사람들은 얼굴이 검은 사람들이 아닌가?

ㄴ. 미국 사람들은 살결이 흰 사람들이 아닌가?

ㄷ. 한국 사람들은 얼굴이 누른 빛깔이 아닌가?

ㄹ. 일본 사람들은 키가 작은 것이 특징이 아닌가?

ㅁ. 미국은 세계를 지배하는 것이 그들의 자랑이 아닌가?

〈78〉 주어 앞에 '몇'이 오면 그 주어에는 조사 「이/가」가 온다.

ㄱ. 우리는 우물쭈물하다가 몇 명이 손을 들었다.

ㄴ. 우리 몇 명이 그 일을 처리하였다.

ㄷ. 너희들은 몇 명이 왔느냐?

ㄹ. 여자 몇 명이 모여서 떠들어대었다.

ㅁ. 모두 몇 사람이 모였나?

〈79〉 서술어가 '누구인 줄 아느냐?'일 때 그 앞의 주어에는 조사 「이/가」가 온다.

ㄱ. 김해 김씨의 조상이 누구인 줄 아느냐?

ㄴ. 너희들의 선생이 누구인 줄 아느냐?

ㄷ. 단군의 아들이 누구인 줄 아느냐?

ㄹ. 그 사람의 아들이 누구인 줄 아느냐?

ㅁ. 그이의 아버지가 누구인 줄 아느냐?

〈80〉 서술어가 '무엇인 줄 아느냐?', '무엇인지 모르겠다' 등이 오면 그 앞의 주어에는 조사 「이/가」가 온다.

ㄱ. 나는 이것이 무엇인지 모르겠다.

ㄴ. 나는 이것이 무엇인지 아느냐?

ㄷ. 너는 이것이 무엇인 줄 아느냐?

ㄹ. 그는 이것이 무엇인 줄 알까?

ㅁ. 선생님은 이것이 무엇인 줄 아실까?

〈81〉 서술어가 '어디인지 모르겠다', '언제인지 모르겠다' 등 '의문사+~'일 때에는 그 앞의 주어에는 「이/가」가 온다.

ㄱ. 너는 서울이 어디인지 아느냐?

ㄴ. 너는 그때가 언제인지 기억하느냐?

ㄷ. 그는 이때가 언제인지 모를 것이다.

ㄹ. 철수는 여기가 어디인지 모를 것이다.

ㅁ. 영희는 학교가 어디에 있는지 모를 것이다.

〈82〉 서술어가 '누구와 ~했는지…'의 형식으로 되어 있으면 그 앞의 주어에는 조사 「이/가」가 온다. 이때의 주어는 행위의 주체자가 된다.

ㄱ. 김수로왕이 누구와 결혼했는지도 알고 있어?

ㄴ. 네가 누구와 다투었느냐?

ㄷ. 그가 누구와 토론하였느냐?

ㄹ. 철수가 누구와 싸웠을까?

ㅁ. 영희가 누구와 사랑을 하였을까?

〈83〉 서술어가 '~의 ~라는 것이다'의 형상으로 되어 있으면 그 앞의 주어에는 조사 「이/가」가 온다.

ㄱ. 수로왕의 부인이 인도의 공주라는 것이다.

ㄴ. 철수가 나의 상대라는 것이다.

ㄷ. 그가 영희의 짝이라는 것이다.

ㄹ. 이것이 돈이라는 것이다.

ㅁ. 이것이 산삼이라는 것이다.

〈84〉 서술어가 '~꼴이 되다'의 형식으로 되어 있으면 그 앞의 주어에는 조사 「이/가」가 온다.

ㄱ. 70노인이 그 꼴이 되었으니 할 말이 없다.

ㄴ. 그가 그 모양이 되었으니 어찌할꼬?

ㄷ. 그가 대통령이 되었으니 나라가 말이 아니다.

ㄹ. 철수가 그 모양이 되어 돌아왔으니 할 말이 없다.

ㅁ. 그가 대장이 되어 돌아왔으니 금의환향이로다.

〈85〉 앞 절에 어떤 내용의 말이 나오고, 뒷 절의 주어가 그것을 받을 때 그 뒷 절의 주어에는 「이/가」가 온다.

ㄱ. 이 구성도식이 이렇게 사용될 때, 이것이 범주화하는 모든 표현의 구조기술로 쓰인다.

ㄴ. 우리가 시험적으로 이 그림을 그릴 때, 그 행위가 바로 우리의 연구가 되는 것이다.

ㄷ. 내가 이 말을 남에게 할 때, 그것이 바로 비밀의 누설이 되는 것이다.

ㄹ. 네가 화가 나서 남을 욕할 때, 그것이 바로 너의 잘못이다.

ㅁ. 그가 남을 칭찬할 때 그것이 그의 훌륭한 인격임을 알 수 있다.

〈86〉 앞 절에 어떤 내용의 말이 나오고, 뒷 절의 주어가 그것을 받을 때 그 뒷 절의 주어에는 「이/가」가 온다.

ㄱ. 이 구성도식이 이렇게 사용될 때, 이것이 범주화하는 모든 표현의 구조기술로 쓰인다.

ㄴ. 우리가 시험적으로 이 그림을 그릴 때, 그 행위가 바로 우리의 연구가 되는 것이다.

ㄷ. 네가 이 말을 남에게 할 때, 그것이 바로 비밀의 누설이 되는 것이다.

ㄹ. 네가 화가 나서 남을 욕할 때, 그것이 바로 너의 잘못이다.

ㅁ. 그가 남을 칭찬할 때 그것이 그의 훌륭한 인격임을 알 수 있다.

〈86〉 '~하고도 N1이 ~할 N2 ~하다'의 형식으로 된 문장에서는 N1에는 언제나 조사 「이/가」가 온다.

ㄱ. 맑은 술을 마시고도 혈압이 올라갈 줄은 몰랐다.

ㄴ. 죽 쉬고도 피곤이 안 풀릴 줄은 몰랐다.

ㄷ. 네가 그리 하고도 마음이 편안할 줄 알았더냐?

ㄹ. 봄이 오고도 꽃이 안 필 줄은 몰랐다.

ㅁ. 비가 알맞게 오고도 흉년이 들 줄 몰랐다.

〈87〉 'N1은 ~하고 N2은 ~하고 ~한다는 N3 ~하다'의 형식으로 되는 문장에서는 N3에는 언제나 조사 「이/가」가 온다.

ㄱ. 혈압은 올라가고 마른기침은 심해오고 산다는 것이 지겹다.

ㄴ. 몸은 허약하고 기운은 없고 일을 해야 한다는 것이 힘겹기만 하다.

ㄷ. 세월은 가고 몸은 허약하고 살아야 함이 이렇게도 힘드는가?

ㄹ. 여름은 가고 가을은 왔으나 거둘 것이 전혀 없다.

ㅁ. 임은 가고 나는 홀로 남았으니 살아갈 일이 걱정이다.

〈88〉 '관형어+N1+N2+~하다'의 형식으로 된 문장에서는 N1에는 언제나 조사 「이/가」가 온다.

ㄱ. 온 가적이 하루를 즐거이 놀았다.

ㄴ. 모든 학생이 월요일에 소풍갔다.

ㄷ. 이 학생들이 하루를 즐거이 놀고 있다.

ㄹ. 이 시냇물이 한강으로 흘러가고 있다.

ㅁ. 저 사람들이 싸움을 하고 있다.

〈89〉 앞에 원인을 나타내는 절이 오고, 뒤에 'N1 ~하며 N2 ~하다'라는 형식의 문장에서는 N1과 N2에는 조사 「이/가」가 온다.

ㄱ. 어떤 일이든 조급히 서둘면 문득 뇌가 무너지는 것 같은 충동을 느끼며 눈앞이 아찔해진다.

ㄴ. 무슨 일이든 서둘면 마음이 조급해지며 두서가 없어진다.

ㄷ. 까불면 일이 잘 안 되며, 손이 잡히지 아니한다.

ㄹ. 깊이 생각하면 좋은 아이디어기 떠오르며 좋은 결과가 나타난다.

ㅁ. 마음이 깊으면 생각이 깊고 마음이 얕으면 생각이 천박하다.

〈90〉 앞의 절의 내용을 뒷 절에서 받을 때, 뒷문장의 주어에는 조사 「은/는」이 오고 그 뒤에 관형절이 오면 그 관형절의 주어에는 「이/가」가 온다.

　ㄱ. 현대 한국인들도 상점이나 대문 안쪽 위에 북어를 매달아 놓는 풍습이 있다. 이것은 북어 즉 물고기가 재액을 막아 주는 기능이 있다고 믿는 한국의 기층문화를 대변해 준다.
　ㄴ. 요즈음도 한국 사람들은 신령에게 비는 풍습이 있다. 이것은 신이 우리에게 복을 준다는 믿음 때문이다.
　ㄷ. 사람들은 성황당에 비는 버릇이 있다. 이것은 선황신이 복을 줄 것이라는 생각이 있기 때문이다.
　ㄹ. 입시 때가 되면 어머니들이 대학 교문에 엿을 갖다 붙인다. 이것은 자기가 아들들이 합격할 것이라는 믿음이 있기 때문이다.
　ㅁ. 농부들은 가을에 논에다가 허수아비를 세운다. 이것은 새들이 오지 말기를 바라는 마음에서이다.

〈91〉 앞에 주어가 오고 그 뒤의 서술어가 주어에 대한 사정을 베풀어 말할 때 그 주어에는 조사 「이/가」가 온다.

　ㄱ. 고구려의 시조 주몽이 부여에서 탈출하여 남쪽으로 오는 길에 큰강을 만나 난처한 입장에 빠졌다.
　ㄴ. 철수가 학교에서 집으로 오던 길에 다리가 아파서 고생을 하였다.
　ㄷ. 그가 논에서 일을 하다가 큰 물고기를 한 마리 잡았다.
　ㄹ. 자동차가 도중에서 고장이 나서 움직이지를 안하였다.
　ㅁ. 그가 여행을 하다가 가방을 분실하여 낭패를 보았다.

〈92〉 서술어가 '떠올라 오다'가 되면 그 앞의 주어에는 조사 「이/가」가 온다.

ㄱ. 그때 물속에서 자라와 물고기가 떠올라 와 다리를 놓아 주어 주몽 일행이 무사히 강을 건넜다는 일화가 있기 때문이다.

ㄴ. 홍수 때 강에서 사람의 시체가 떠올라왔다.

ㄷ. 강 하류에서 배가 떠올라 와서 우리는 그것을 타고 강을 건넜다.

ㄹ. 낙동강 홍수 때 가면이 든 자루가 배에 실려 떠올라 와서 그것을 가지고 가면극이 시작되었다.

ㅁ. 강에서 죽은 물고기 떼가 떠올라왔다.

〈93〉 서술어가 '돋다'가 오면 주어에는 조사 「이/가」가 온다.

ㄱ. 동쪽 하늘에 해가 돋는다.

ㄴ. 화가 잔뜩 돋아서 견딜 수가 없었다.

ㄷ. 봄날이라 풀이 돋는다.

ㄹ. 장미 뿌리에서 새 움이 돋는다.

ㅁ. 밭에 잡초가 많이 돋는다.

〈94〉 서술절의 서술어가 '~고 싶다'로 되면 서술절의 주어에는 조사 「이/가」가 온다.

ㄱ. 나는 밥이 먹고 싶다.

ㄴ. 그는 공부가 하고 싶단다.

ㄷ. 철수는 물이 마시고 싶단다.

ㄹ. 철수는 공부가 하고 싶어 못산다.

ㅁ. 그는 아버지가 보고 싶다고 하더라.

〈95〉 서술어가 '이기다'가 되면 주어에는 조사 「이/가」가 온다.

ㄱ. 그 시합에서 우리가 이겼다.

ㄴ. 이차대전에서 미국이 이겼다.

ㄷ. 축구 시합에서 우리 팀이 이겼다.

ㄹ. 골프대회에서 영희가 이겼다.

ㅁ. 야구대회에서 A팀이 이겼다.

〈96〉 서술어가 '끼이다'이면 주어에는 조사 「이/가」가 온다.

ㄱ. 앞산에 아지랑이가 끼이었다.

ㄴ. 가을 아침에는 안개가 잘 끼인다.

ㄷ. 그는 눈곱이 잘 끼인다.

ㄹ. 차바퀴에 발이 끼이었다.

ㅁ. 문틈에 손가락이 끼이었다.

〈97〉 서술어가 '어둡다'가 되면 주어에는 조사 「이/가」가 온다.

ㄱ. 오늘은 흐려서 날씨가 몹시 어둡다.

ㄴ. 방이 왜 이리 어두우냐?

ㄷ. 교실 안이 왜 이리 어두우냐?

ㄹ. 그는 계산이 아주 어둡다.

ㅁ. 전깃불을 켰는데도 방 안이 어둡다.

〈98〉 서술어가 '트다'로 되면 주어에는 조사 「이/가」가 온다.

ㄱ. 동이 벌써 트는구나.

ㄴ. 겨울에는 손이 잘 튼다.

ㄷ. 봄에는 온 나무에서 움이 튼다.

ㄹ. 너는 살이 잘 트는구나.

ㅁ. 아직 동이 트지 않느냐?

〈99〉 서술어가 '맺다'이면 주어에는 조사 「이/가」가 온다.

ㄱ. 이 나무는 열매가 많이 맺었구나.

ㄴ. 꽃봉오리가 많이 맺었다.

ㄷ. 배꽃이 많이 맺었다.

ㄹ. 올해는 땅콩이 많이 맺었다.

ㅁ. 곡식의 열매가 많이 맺었다.

〈100〉 주어 다음에 서술어가 '나다'가 오면 그 주어에는 조사 「이/가」가 온다.

ㄱ. 얼굴에서 여드름이 나던 사춘기부터 나는 거울을 자주 보았다.

ㄴ. 생각이 날 때 그 일을 처리하는건데.

ㄷ. 풀이 나면 빨리 매야지.

ㄹ. 일이 나면 어떻게 하려고 그러느냐?

ㅁ. 불이 나면 큰일 난다.

〈101〉 문장이 'N1이 ~면 N2도 N3이 ~다'의 형식으로 되면, N1
과 N3에는 언제나 조사 「이/가」가 온다. 여기서 「~」는 동일한 형용
사가 와야 한다.

ㄱ. 아비의 얼굴이 희면 자식들도 얼굴이 흰 법이다.
ㄴ. 부모의 살결이 희면 자식들도 살결이 희다.
ㄷ. 너의 손이 크면 너의 아들도 손이 크다.
ㄹ. 너의 마음이 아름다우면 자손들도 마음이 아름답다.
ㅁ. 네가 머리가 좋으면 아들네들도 머리가 좋은 법이다.

〈102〉 문장이 '~보다+주어+서술어'의 형식으로 되어 있으면 주
어에는 조사 「이/가」가 온다.

ㄱ. 어머니는 전씨였는데, 보통 한국여인보다 얼굴색이 조금 검은
   편이었다.
ㄴ. 그는 나보다 키가 좀 큰 편이었다.
ㄷ. 영희는 철수보다 머리가 좋은 편이었다.
ㄹ. 낙동강은 한강보다 길이가 길다.
ㅁ. 영수는 철수보다 힘이 세다.

〈103〉 접속절의 구조가 'N1+M2+~하니까'의 형식으로 되어 있
으면 N1과 N2에는 주격조사 「이/가」가 온다.

ㄱ. 하루는 역사 선생님이 우리가 떠들고 장난을 치니까 우리의 주의를 환기시키기 위하여 "지금부터 옛날에 있었던 임금님의 국제결혼에 대해 이야기해 주겠다." 하고 서두를 꺼냈다.

ㄴ. 그가 성질이 급하니까 조그마한 일도 참지 못한다.

ㄷ. 철수가 선생님이 되니까, 아주 점잖은 사람이 되었다.

ㄹ. 영희가 철수가 좋으니까, 아주 친절하게 대하더라.

ㅁ. 영수가 공부가 싫으니까 학교를 가지 않는다.

〈104〉 서술어가 '일어날 뻔하다'일 때 그 앞의 주어에 오는 주격 조사는 「이/가」가 온다.

ㄱ. 맙소사, 큰 비극이 일어날 뻔했지.

ㄴ. 자칫하면 큰일이 일어날 뻔하였다.

ㄷ. 자칫하면 큰 싸움이 일어날 뻔하였다.

ㄹ. 조금만 잘못하였으면 삼차대전이 일어날 뻔하였다.

ㅁ. 하마터면 난리가 일어날 뻔하였다.

〈105〉 접속절이 '~니까'로 끝나고 그 뒤에 종결절이 오면 종결절의 주어에는 조사 「이/가」가 온다.

ㄱ. 내가 초등학교 때 반장 선거에서 뽑히니까, 집안 식구들이 모두 축하한다고 덕담을 한 마디씩 했다.

ㄴ. 내가 학교에 가니까 선생님이 심부름을 시키더라.

ㄷ. 개구리가 우니까 비가 오더라.

ㄹ. 공부를 하니까 재미가 있더라.

ㅁ. 일을 하니까 돈이 생긴다.

〈106〉 문장이 '부사＋N1＋N2＋~하여서＋관형절＋N3＋N4＋되었으니＋부사＋관형어＋N5＋서술어'로 된 문장에서의 각 N에는 조사 「이/가」가 온다.

ㄱ. 바로 그날 저녁 밥상에서 할머니가 얼굴이 검어서 별 볼일이 없을 것 같던 손주가 급장이 되었으니 기쁘시다는 말씀을 한 덕에 기아미수사건의 전말이 들어난 셈이야.
ㄴ. 선생님이 솜씨가 없어서 그림을 못 그릴 것 같다던 철수가 일등이 되었으니 칭찬의 말씀을 한 때문에 평소 그에 대한 관심이 있었음이 들어난 셈이야.
ㄷ. 철수가 머리가 좋아서 시험을 잘 볼 것이라고 생각했던 그가 꼴찌가 되었으니 선생님의 실망이 얼마나 크실까?
ㄹ. 영희가 다리가 아파서 시험을 못 볼 일고 여겼던 그미가 일등이 되었으니 부모님이 얼마나 기뻐하실까?
ㅁ. 기차가 고장이 나서 출발을 못 할 것 같았는데 고장 난 데가 수리가 잘 되어 서울역을 떠나니 우리의 마음이 참으로 기뻤다.

〈107〉 '내', '제' 다음에 주어가 오면 조사 「이/가」가 온다.

ㄱ. 나는 그때까지 내 얼굴이 검다는 것을 모르고 있었다.
ㄴ. 철수는 제 성적이 그렇게 좋을 줄은 몰랐다.
ㄷ. 그는 지금까지 제 등수가 몇 등인 줄도 모르고 있었다.
ㄹ. 영희는 제 얼굴이 예쁜 줄도 모르고 있었다.

ㅁ. 나는 지금까지 내 키가 얼마인지도 모른다.

〈108〉 접속절의 서술어의 어미가 '~는데'로 끝나고 그 다음 절의 주어에 오는 서술어의 어미가 '~아서/~어서'로 끝나면 그 주어에는 조사 「이/가」가 온다.

　ㄱ. 본디 나는 남의 집에 태어난 아기였는데, 얼굴이 검어서 그 자비
　　　에서 나를 버리고 희고 잘 난 우리집 아기를 대신 가져 간 건
　　　아닐까?
　ㄴ. 그는 학생이었는데, 마음이 착해서 칭찬을 받는다.
　ㄷ. 그는 가난하였는데 마음이 정직하여서 부자가 되었다.
　ㄹ. 그는 부지런한데 부인이 손이 커서 어렵게 산다.
　ㅁ. 철수는 착한데 부인이 악해서 사이가 좋지 아니하다.

〈109〉 서술어가 '들리다'이면 그 앞이 주어에는 조사 「이/가」가 온다.

　ㄱ. 밤에 밖에서 이상한 소리가 들리었다.
　ㄴ. 밤에 말굽소리가 들리어 왔다.
　ㄷ. 나는 피아노 소리가 잘 들리지 않는다.
　ㄹ. 할아버지는 말소리가 들리지 않으신다고 하신다.
　ㅁ. 마이크 소리가 잘 들리지 않는다.
　ㅂ. 북쪽에서 비행기 소리가 들려왔다.

〈110〉 전제하는 말이 앞에 나오고 특히 지칭하는 말이 그 다음에

오면 그 지칭어에는 조사 「이/가」가 온다.

ㄱ. 다만 한 가지 아쉬운 것은 소첩이 죽고 나면 저의 성인 허씨가
　　완전히 끊기는 것입니다.

ㄴ. 한 가지 걱정되는 것은 비가 오면 곡식이 잘 안 될까 염려가 되는
　　것이다.

ㄷ. 네가 간다는 것은 나와 마음이 맞지 않기 때문이지?

ㄹ. 그가 온다는 것은 그가 나를 좋아하기 때문이다.

ㅁ. 날이 밝는다는 것은 동이 튼다는 이야기이다.

〈111〉 서술어가 '~있다'로 되면 그 앞의 주어에는 조사 「이/가」가
온다.

ㄱ. 편년 『가락국기』에는 대충 이런 내용이 적혀 있다.

ㄴ. 그에 관한 이야기로는 대충 이런 이야기가 전해져 있다.

ㄷ. 김유신에 대한 일화로는 재미있는 이야기가 전해오고 있다.

ㄹ. 이 책에는 재미나는 이야기가 기록되어 있다.

ㅁ. 너에게는 이상한 비밀이 감추어져 있다며.

〈112〉 서술어가 '~났다고 한다'로 되어 있으면 그 앞의 주어에는
조사 「이/가」가 온다.

ㄱ. 가락국의 근거지인 김해를 본관으로 한 김해 허씨가 생겨났다고
　　한다.

ㄴ. 이곳에서 네가 태어났다고 한다.

ㄷ. 이 이야기는 이로 인하여 그 유래가 생겨났다고 한다.

ㄹ. 너는 그로 인하여 소문이 나쁘게 났다고 한다.

ㅁ. 중일전쟁은 로구교 사건으로 싸움이 일어났다고들 하더라.

〈113〉 서술어가 '~이 되었다'로 되면 주격조사는 「이/가」가 온다.

ㄱ. 그 결과 수로왕의 두 아들이 허씨가 되었다.

ㄴ. 네가 말한 그 일이 허사가 되었다.

ㄷ. 물이 얼음이 되었다.

ㄹ. 네가 소개한 그 사람이 나의 친구가 되었다.

ㅁ. 내가 노력한 결과가 성공이 되었다.

〈114〉 서술어가 '~으로 되어 있다'로 되면 그 앞의 주격조사는 「이/가」가 온다.

ㄱ. 김해 허씨와 김해 김씨는 수로왕 한 사람의 자손이므로 서로 혼인 하지 않는 것이 오랜 전통으로 되어 있다.

ㄴ. 우리가 열심히 공부하는 것이 우리 학교의 오랜 전통으로 되어 있다.

ㄷ. 우리가 교통질서를 지키는 것이 오랜 관습으로 되어 있다.

ㄹ. 이 정자나무를 보호하는 것이 우리 마을의 풍습으로 되어 있다.

ㅁ. 가로수를 잘 키우는 것이 우리들의 의무로 되어 있다.

〈115〉 서술어가 '~있기 때문이다'로 되면 그 앞의 주어에는 조사 「이/가」가 온다.

ㄱ. 자라와 물고기 떼가 떠올라 와 다리를 놓아주어 주몽 일행이 무사
   히 강을 건넜다는 설화가 있기 때문이다.

ㄴ. 그가 우등생이 된 것은 열성이 있기 때문이다.

ㄷ. 그가 상을 탄 것은 남다른 노력이 있었기 때문이다.

ㄹ. 철수가 성공한 것은 그의 도움이 있었기 때문이다.

ㅁ. 우리가 공부를 하는 것은 장래 희망이 있기 때문이다.

〈116〉 어떤 행위의 주체자에는 조사 「은/는」이 오고 직접 행위자
에는 조사 「이/가」가 온다.

ㄱ. 리나는 내가 입원실에 들어서니 물끄러미 쳐다보며 알은 체했다.

ㄴ. 그는 내가 잡으러 가니 도망을 갔다.

ㄷ. 철수는 영희가 오니까 기뻐하였다.

ㄹ. 선생님은 학생들이 뛰어 노니까 기쁜 마음으로 쳐다보았다.

ㅁ 누님은 동생들이 일을 하는데 점심을 가져왔다.

〈117〉 내포절의 주어에는 조사 「이/가」가 온다.

ㄱ. 그미가 발 부위가 조금 빠졌다고 하였다.

ㄴ. 철수는 영희가 왔다고 하였다.

ㄷ. 그들은 눈이 왔다고 좋아하였다.

ㄹ. 그는 저 꽃이 예쁘네라고 말하였다.

ㅁ. 그는 너에게 그가 있던 그곳이 어디냐고 물었다.

〈118〉 어떤 행위의 주체자에는 조사 「은/는」이 오고 목적절의 주

어에는 조사 「이/가」가 온다.

  ㄱ. 철수는 비가 오기를 기다린다.
  ㄴ. 나는 영희가 오기를 기다렸다.
  ㄷ. 철수는 그가 서운함을 감추지 못하였다.
  ㄹ. 어린이들은 봄이 옴을 몹시 기다린다.
  ㅁ. 그는 배가 고픔을 견디지 못한다.

〈119〉 주절의 주어에는 조사 「이/가」가 온다.

  ㄱ. 세월이 흐름이 물과 같도다.
  ㄴ. 그녀가 공부함이 기적이다.
  ㄷ. 사람이 살아가기가 쉬운 일이 아니다.
  ㄹ. 우리가 희망을 갖는 것은 우리의 목적함이 잘 이루어지기 때문이다.
  ㅁ. 우리가 열심히 일함이 잘 살기 위해서이다.

〈120〉 문장 앞에 '의문사+~인가/~엔가'가 오고 그 뒤에 문장이
오면 그 문장의 주어에는 조사 「이/가」가 온다.

  ㄱ. 무엇인가 희망이 보인다.
  ㄴ. 어디엔가 그가 있을 것이다.
  ㄷ. 언젠가 그가 나를 찾아왔다.
  ㄹ. 어디신가 이상한 소리가 들려왔다.
  ㅁ. 얼마인가 돈이 필요하다.

〈121〉 '있다'가 서술어가 될 때 그 앞의 주어에는 조사 「이/가」가 온다.

ㄱ. 민간이 스스로 맞춤법의 틀을 마련한 값진 전통이 있다.

ㄴ. 그에게는 좋은 계획이 있다.

ㄷ. 나에게는 시험에 통과할 자신이 있다.

ㄹ. 그에게는 돈이 있다.

ㅁ. 그는 실력이 있다.

〈122〉 주어가 어떤 일을 성취한 것을 나타낼 때 그 주어에는 조사 「이/가」가 온다.

ㄱ. 민간이 스스로 맞춤법의 틀을 마련한 값진 전통이 있다.

ㄴ. 우리가 이룩한 업적은 대단하다.

ㄷ. 그들이 건설한 그들의 조국은 영원하리라.

ㄹ. 과학자들이 연구한 결과로 그 나라는 훌륭한 나라가 되었다.

ㅁ. 그가 힘쓴 관계로 일이 잘 되었다.

〈123〉 N1＋N2에서 특히 N2를 지칭하고 싶을 때에는 조사 「이/가」가 온다.

ㄱ. 정권이 불만이 있는 사람들은 정부기관에서 고치고 다듬을 말을 드러내는 수단으로 삼을 가능성마저 있다.

ㄴ. 코끼리가 코가 길다.

ㄷ. 그가 손이 크다.

ㄹ. 그가 말이 싱겁다.

ㅁ. 소가 걸음이 빠르다.

〈124〉 전제가 되는 말에는 조사 「은/는」이 오고 그 뒤에 오는 가정문이나 종결절의 주어에는 조사 「이/가」가 온다.

ㄱ. 다만 한 가지 아쉬운 것은 소첩이 죽고 나면 저의 성인 허씨가 완전히 끊기는 것입니다.

ㄴ. 내가 바라는 것은 네가 자라면 훌륭한 사람이 되는 것이다.

ㄷ. 다만 아쉬운 것은 그가 오지 아니하면 나의 소원이 이루어지지 않는다는 것이다.

ㄹ. 행복하다는 것은 한 개인이 잘 되는 것이 아니라 온 집안이 잘 되는 것이다.

ㅁ. 그리운 것은 지나간 것이 아니요 앞으로 다가오는 것이 될 것이다.

〈125〉 지칭어가 앞에 오고 그 뒤에 결과를 나타내는 말이 올 때는 그 결과말의 주어에는 조사 「이/가」가 온다.

ㄱ. 그 결과 수로왕의 두 아들이 허씨가 되었고 가락국의 근거지인 김해를 본관으로 한 김해 허씨가 생겨났다고 한다.

ㄴ. 그가 국회의원이 되었고 그의 후원자들이 모여서 한 단체가 이루어졌다.

ㄷ. 노력한 결과 그들이 보자가 되었고 그들의 자녀들이 또한 보자가 되었다.

ㄹ. 내가 보니까 선생들이 잘 가르치니까 학생들이 좋은 대학에 입학

하더라.

ㅁ. 한 사람이 잘 하면 백 사람이 잘 하고 모든 사람이 잘 하게 된다.

〈126〉「이/가」 주어 다음에 관형절이 오면 그 절의 주어에는 조사 「이/가」가 온다.

ㄱ. 세계화가 정치구호가 되던 무렵이다.

ㄴ. 나라가 수출이 잘 되던 그때에 열심히 일했다.

ㄷ. 우리가 힘이 미치는 데까지 그를 도왔다.

ㄹ. 나라가 질서가 서는 날에 잘 살 수 있다.

ㅁ. 세계가 질소가 잘 서는 그때 평화롭다.

〈127〉 관형절 다음에 주어가 오면 그 주어에는 조사 「이/가」가 온다.

ㄱ. 외국어가 필요한 사람이 필요한 만큼 필요한 분야에서 배우면 된다.

ㄴ. 힘이 센 사람이 일도 잘 한다.

ㄷ. 일이 잘 되는 날이 있다.

ㄹ. 마음이 착한 사람이 얼마든지 있다.

ㅁ. 운이 좋은 사람이 훌륭히 잘 된다.

〈128〉 인용절의 주어에는 조사 「이/가」가 오고 관형절의 주어에도 조사 「이/가」가 온다.

ㄱ. 미국말 배우자가 얼마나 필요한가란 물음에 대한 생각을 해 보지
도 않고 온겨레가 미국말 공부에 매달리는 것은 슬기롭지 못하다.

ㄴ. 이것이 무엇인가라는 질문에 답하지도 않고 우리가 떠드는 것은
옳지 아니하다.

ㄷ. 그가 어디 가는가라는 물음에 대답도 아니하고 일이 바쁘다는
핑계로 나가버렸다.

ㄹ. 손님이 오신다는 말을 듣고 철수가 기쁜 마음으로 맞이하였다.

ㅁ. 눈이 내리느냐는 말에 기분이 좋다는 말만 하고 나가버렸다.

〈129〉 '~고 있다', '~솟고 있다', '~서서 있다' 등등이 서술어가
되면 그 앞의 주어에는 조사 「이/가」가 온다.

ㄱ. 명품들에 대한 소감을 적어 놓은 수첩 수 백여 개가 남아서 있고
나머지는 없어진 것이 나를 위안시킨다.

ㄴ. 해가 높은 산에 솟고 있다.

ㄷ. 많은 학생들이 학교에서 놀고 있다.

ㄹ. 사람들이 밥을 먹고 있다.

ㅁ. 많은 집들이 즐비하게 늘어서서 있다.

〈130〉 '~시킨다'가 서술어가 되면 주어에는 조사 「이/가」가 온다.

ㄱ. 수첩 수백 개가 남아 있는 것이 나를 위안시킨다.

ㄴ. 그의 노력이 나를 안심시켰다.

ㄷ. 수많은 사람들이 그를 안심시켰다.

ㄹ. 그의 위안이 나를 진정시켰다.

ㅁ. 그의 한 마디가 철수를 진정시켰다.

〈131〉 '~이 바로(겨우) ~이다'가 서술어가 되면 주어에는 조사
「이/가」가 온다.

　　ㄱ. 그것들 중에 몇 개를 꺼내 읽어 내려간 것이 바로 이 책이다.
　　ㄴ. 내가 공부한 것이 바로 이것이다.
　　ㄷ. 네가 말한 것이 바로 이것이다.
　　ㄹ. 우리가 얻은 것이 바로 이것이다.
　　ㅁ. 네가 얻은 것이 겨우 이것이냐?

〈132〉 주어 앞에 관형어가 오고 서술어가 '~된다'로 되면 주어에
는 조사 「이/가」가 온다.

　　ㄱ. 나의 연구 본령인 고고학에서는 유명한 유적을 발굴한 사람의
　　　　이름이 오래 기억된다.
　　ㄴ. 나에게는 그의 이름이 오래 기억된다.
　　ㄷ. 그의 연구가 오래 동안 지속되었다.
　　ㄹ. 이것을 연구한 과학자의 명성이 두고두고 우리를 감동시켰다.
　　ㅁ. 이 업적이 그의 위대한 공적이 될 것이다.

〈133〉 주어 앞에 수를 나타내는 관형어가 와서 주어를 꾸미고 그
서술어가 관형어가 되어 그 다음 주어를 꾸밀 때 앞뒤 두 주어에는
조사 「이/가」가 온다.

ㄱ. 세계적인 유적들이나 박물관의 명품들에 대한 소감을 적어놓은 수첩 수백 여 개가 남아 있는 것이 나를 위안시킨다.

ㄴ. 적함 수십 척이 남아 있는 것이 발견되었다.

ㄷ. 수십 명의 학생들이 나를 도운 것이 고마웠다.

ㄹ. 많은 사람들이 우리를 도운 결과가 이렇게 자랑할 만하다.

ㅁ. 적은 사람들이 힘을 합친 결과가 이렇게 훌륭하다.

〈134〉 주어 앞에 관형어가 오고 서술어가 '~믿어지지 않는다'로 되면 주어에는 조사 「이/가」가 온다.

ㄱ. 역사 다큐멘터리도 개정판을 낸다는 사실이 잘 믿어지지 않는다.

ㄴ. 그가 공부를 잘 한다는 소문이 믿어지지 않는다.

ㄷ. 그가 고시에 합격했다는 말이 믿어지지 않는다.

ㄹ. 내일 비가 오겠다는 예보가 믿어지지 않는다.

ㅁ. 그가 대상을 받았다는 말이 믿어지지 않는다.

〈135〉 관형절의 서술어가 '~되다'이고 그 꾸밈을 받는 주어의 서술어가 또한 '되다'이면 주어에는 「이/가」가 온다.

ㄱ. 한국인의 몸속에 외국인의 유전인자가 스며들게 된 사건이 되었으며 그와 함께 외국인의 문화인자도 한국 문화 속에 섞이게 되었다.

ㄴ. 이 사실이 그의 성공이 알려지게 된 원인이 되었다.

ㄷ. 그의 노력이 그가 성공하게 된 원동력이 되었다.

ㄹ. 이 사건이 그의 이름이 알려지게 된 동기가 되었다.

ㅁ. 훌륭한 스승이 그의 제자들이 훌륭하게 되는 바탕이 되는 것이다.

〈136〉 앞 절의 주어에 조사 「은/는」이 오고 그 서술절의 주어에 조사 「이/가」가 오면 뒷문장의 주어에도 조사 「이/가」가 온다.

ㄱ. 다만, 한 가지 아쉬운 것은 소첩이 죽고 나면 저의 성인 허씨가 완전히 끊기는 것입니다.

ㄴ. 의심스러운 것은 그가 가면 철수가 오겠느냐 하는 것이다.

ㄷ. 자랑스러운 것은 큰아들이 공부하여 우리집이 일어났다는 것이다.

ㄹ. 그가 돌아왔다는 사실은 그 집이 잘 되었다는 증거이며 그 집이 화목해졌다는 증거이다.

ㅁ. 산이 무성하다는 것은 우리가 나무를 많이 심었기 때문이며 우리가 살기 좋기 때문이다.

〈137〉 「이/가」 주어 다음에 「이/가」 주어로 시작되는 서술어가 오고 종결절의 서술어가 '~났다고 한다'로 되면 종결절의 주어에도 조사 「이/가」가 온다.

ㄱ. 그 결과 수로왕의 두 아들이 허씨가 되었고 가락국의 근거지인 김해를 본관으로 한 김해 허씨가 생겨났다고 한다.

ㄴ. 자라서 그가 아버지가 되었고 따라서 아들이 둘이나 태어났다고 한다.

ㄷ. 그가 어른이 되니 미남이 생겨났다고들 하더라.

ㄹ. 철수가 청년이 되어 부지런하였던 결과 새로운 부자가 생겨났다고들 하였다.

ㅁ. 어머니가 숙녀가 되어 잘난 네가 태어났다고 하더라.

《138》 주어에 조사 「이/가」가 오고 서술절의 서술어가 '되다'가 오면 그 서술어의 주어에는 조사 「이/가」가 온다.

ㄱ. 세계화가 정치구호가 되던 무렵이었다.
ㄴ. 그의 이야기가 화제가 되었다.
ㄷ. 그 일이 문제가 되었다.
ㄹ. 아이가 성인군자가 되었다.
ㅁ. 철수가 장관이 되었다.

《139》 관형절의 서술어와 주어 다음에 오는 서술어가 같으면 관형절의 주어와 문장의 주어에는 조사 「이/가」가 온다.

ㄱ. 외국어가 필요한 사람이 필요한 만큼 필요한 분야에서 배우면 된다.
ㄴ. 돈이 많은 사람이 많은 만큼 아껴 쓰면 된다.
ㄷ. 돈이 필요한 사람이 필요한 만큼 벌면 된다.
ㄹ. 영화가 보고 싶은 사람이 보고 싶은 만큼 보면 될 것 아니냐?
ㅁ. 고향이 그리운 사람이 그리운 만큼 견디기 힘들다.

《140》 관형절의 서술어가 '~한가란 ~하다', '~지도 ~하고 ~하다'의 형식으로 되어 있고 종결절에 주어가 오면 그 주어와 관형절의 주어에는 조사 「이/가」가 온다.

ㄱ. 미국말 배우기가 얼마나 필요한가란 물음에 대한 생각을 해 보지도 않고 온겨레가 미국말 공부에 매달리는 것은 슬기롭지 못하다.

ㄴ. 돈이 얼마나 드는가 생각지도 아니하고 돈이 얼마 필요하다고 하는 것은 옳지 못하다.

ㄷ. 집이 얼마나 중요한가도 모르고 집이 깨끗하지 못하다고 불평만 하면 안 된다.

ㄹ. 공부가 얼마나 중요한가도 모르고 그가 공부를 안 하겠다고 하니 딱한 일이다.

ㅁ. 물이 우리에게 얼마나 소중한가도 모르고 그가 물을 함부로 버리는 것은 옳은 일이 아니다.

〈141〉 어떤 말을 특히 주어로 내세울 때 조사 「이/가」를 그 주어에 붙인다.

ㄱ. 이때 쌍어 신앙이 메소포타미아로부터 인도와 중국을 거쳐 한국에 도착하였다.

ㄴ. 그런 사건이 일어나게 된 과정과 유러시아대륙의 당시 상황을 분석한 역사 추적을 책으로 엮어 본 것이다.

ㄷ. 7월의 하늘에는 먹구름이 잔뜩 덮여 있었다.

ㄹ. 대문 위는 2층 누각처럼 되어 있었고 태극 모양이 큼직하게 그려져 있었다.

ㅁ. 정문 주위에는 아이스크림 장수들과 사이다를 파는 사람들이 손님을 부르고 있었다.

〈142〉 단정적인 주어에는 조사 「이/가」가 온다.

ㄱ. 그 문이 어쨌다는 말입니까?

ㄴ. 총무님이 안에 계십니까?

ㄷ. 문설주 위에도 안쪽과 똑같은 그림이 새겨져 있었다.

ㄹ. 한 사람은 땅에 엎드려 절을 하고 있고 한 사람은 서서 묵념을 하고 있으니 그 모양이 어떠했을까?

ㅁ. 세월이 많이 흐른 다음 나는 왕릉에서는 정면으로 마주보고 절을 하지 않는다는 것을 알게 되었다.

〈143〉 문장의 맨 앞에 결과를 나타내는 절이 오고 그 다음 두 절이 「~고」로 연결되면 그 앞뒤의 주어에는 조사 「이/가」가 온다.

ㄱ. 점심을 먹고 나니 소나기가 그치고 하늘이 맑아졌다.

ㄴ. 일을 마치고 나니 허리가 아프고 다리가 아팠다.

ㄷ. 점심을 먹고 나니 몸이 피곤하고 졸음이 왔다.

ㄹ. 잠을 자고 나니 몸이 가볍고 피곤이 풀렸다.

ㅁ. 공부를 하고 나니 자신이 붙고 마음이 가벼웠다.

〈144〉 앞 절의 서술어가 '~있어서'이고 그 다음에 오는 관형절의 서술어가 형용사이고 수식을 받는 주어 다음에 서술어가 '있다'가 오면 '있다' 앞에 오는 주어와 형용사 앞에 오는 주어에는 조사 「이/가」가 온다.

ㄱ. 입구에는 홍실문이 서 있어서 단번에 신분이 높은 사람의 무덤이 있는 곳임을 알 수 있다.

ㄴ. 길에 헌병이 서 있어서 신분이 높은 사람의 행차가 있는 것으로 판단하였다.

ㄷ. 아버지가 대문에 서 계셔서 무엇이 걱정스러운 일이 있는 것으로
   생각되었다.

ㄹ. 개가 앞에 서 있어서 무엇이 두려운 일이 있지나 않나 생각되었다.

ㅁ. 차가 정지해 있어서 누구가 급한 일이 있는 것 같았다.

〈145〉 서술어가 '주서술어＋아니하다'가 오면 주어에는 조사 「이
/가」가 온다.

ㄱ. 참배객이 많지 않은 모양이지요?

ㄴ. 그가 이 밥을 먹지 않는다.

ㄷ. 사람들이 많이 오지 않는다.

ㄹ. 올해는 비가 많이 오지 않았다.

ㅁ. 여기는 눈이 오지 않는 날이 많다.

〈146〉 관형절의 주어가 지칭어이고 목적절의 서술어가 '~무슨 ~
인지'이며 종결절의 서술어가 '없다'이면 지칭어인 주어와 목적절
의 주어 및 종결절의 주어에는 조사 「이/가」가 온다.

ㄱ. 그 사람이 말하는 족장이 무슨 뜻인지 알 수가 없었다.

ㄴ. 그 사람이 생각하는 것이 무슨 일인지 알 수가 없다.

ㄷ. 그가 말하는 것이 무슨 뜻인지 알아들을 수가 없다.

ㄹ. 그가 하는 일이 무슨 일인지 알 수가 없다.

ㅁ. 그가 노는 놀음이 무슨 놀음인지 알 수가 없다.

〈147〉 주어가 지칭어이고 서술절의 서술어기 형용사이면 지칭어

인 주어와 서술어의 주어에는 조사 「이/가」가 온다.

ㄱ. 어머, 남자 아기가 얼굴이 검으면 어때요?

ㄴ. 여자 아기가 얼굴이 귀엽다.

ㄷ. 저 남자가 마음씨가 좋지 아니하다.

ㄹ. 저 아이가 몸이 튼튼하다.

ㅁ. 이 여자가 몸이 날씬하다.

〈148〉 문장의 주어에 「은/는」이 오면 서술절의 주어에는 조사 「이/가」가 온다.

ㄱ. 시간은 12시가 넘어 있었다.

ㄴ. 두 사람 사이에 낳은 아들들 중에 어떤 이들은 김해 김씨가 되었고, 어떤 이들은 김해 허씨가 되었다는 이야기가 전해 온다.

ㄷ. 그 석탑은 수로왕비가 인도에서 가져온 것이라고 이 지방 사람들은 굳게 믿고 있는 모양이었다.

ㄹ. 선배님은 고향이 어디세요?

ㅁ. 동대문 부인병원의 신생아실에서 있었던 그 일은 내가 사춘기에 들어서자 망령처럼 따라다니며 나를 괴롭혔다.

〈149〉 앞 절의 주어에 조사 「은/는」이 오면 뒷 절의 주어에는 조사 「이/가」가 온다.

ㄱ. 사실 쌍어의 중간 부분에 있는 물체는 인도식 탑 같기도 했지만 두부장수가 흔드는 종을 엎어놓은 것 같았다.

ㄴ. 우리는 우물쭈물하다가 몇 명이 손을 들었다.

ㄷ. 산모는 기진맥진 자기가 낳은 자식을 식별하지 못할지도 모른다.

ㄹ. 할머니 앞에 내 보인 아기는 민망스럽게도 얼굴이 새까맣고 코만 뾰족해서 아주 실망했다고 하더라.

ㅁ. 우리 할머니는 신생아실에 누워있던 희멀겋고 잘생긴 다른 아기가 당신 손주일 것이라고 막 우기셨대요.

〈150〉 앞 절의 주어와 뒷 절의 주어에 모두 조사 「이/가」가 오는 일이 있다.

ㄱ. 마치 양반의 비행을 풍자하던 가면극이 끝나고, 다시 생산계층의 신분으로 돌아가야 하는 사람들이 느끼는 아쉬움이나 불안감과 비슷하다고나 할까?

ㄴ. 내가 연구실에서 사진첩을 정리하고 있는데 오형이 말을 걸어왔다.

ㄷ. 성이 달라도 결혼을 하지 않는 것이 관행으로 되어 있다.

ㄹ. 두 나라 왕족의 결합으로 출생한 후손들이 이 땅에 오래도록 살아왔고 그 결과 내가 태어나게 된 것이다.

ㅁ. 그런 엉터리 주장이 관철될 리도 없고 조선시대에 태어나신 할머니가 병원이라는 조직을 이해할 리도 없었다.

〈151〉 동사 '들어나다' 앞에는 「이/가」가 온다.

ㄱ. 손주가 반장이 되었으니 기쁘시다는 말씀을 한 덕에 기아 미수사건의 전말이 들어난 셈이야.

ㄴ. 그의 거짓말이 결국 들어나고 말았다.

ㄷ. 후세인의 정체가 드디어 들어나고 말았다.

ㄹ. 참이라고 우기던 철수의 속내가 들어나고 말았다.

ㅁ. 진실이 드러남은 당연한 일이다.

⟨152⟩ 동사 '되어 있다' 앞에는 「이/가」가 온다.

ㄱ. 김해 김씨와 김해 허씨는 수로왕 한 사람의 자손이므로 서로 혼인
하지 않는 것이 오랜 전통이 되어 있다.

ㄴ. 그들은 서로 싸워서 원수가 되어 있다.

ㄷ. 그는 열심히 노력하여 부자가 되어 있었다.

ㄹ. 철수는 일을 잘하여 일등 사원이 되어 있다.

ㅁ. 그들은 전쟁에서 잡혀가서 포로가 되어 있다.

⟨153⟩ 형용사 '무엇하다' 앞에는 조사 「이/가」가 온다.

ㄱ. 미경이는 땅에 엎드리기가 무엇했는지 서서 고개를 숙여 묵념을
하는 모양이었다.

ㄴ. 철수는 놀기가 무엇했는지 일을 시작했다.

ㄷ. 명희는 혼자 밥을 먹기가 무엇했는지 철수와 더불어 먹었다.

ㄹ. 철수는 혼자 놀기가 무엇했던지 명희와 같이 놀기로 했다.

ㅁ. 기수는 집에 있기가 무엇했던지 들로 일하러 나갔다.

⟨154⟩ 형용사 '어떠하다' 앞에 오는 주어에는 조사 「이/가」가 온다.

ㄱ. 미경이는 아직도 우리 할머니와 나의 미묘한 심리관계가 어떻게

발전해갔는지 궁금한 모양이었다.

ㄴ. 철수는 그 일에 대하여 내가 어떻게 할 것인 줄을 몰랐다.

ㄷ. 그는 그 일에 대하여 내가 어떻게 할 것인 줄을 몰랐다.

ㄹ. 나는 그가 어떻게 할 것인가를 알고 있었다.

ㅁ. 그가 어떻게 올 것인가를 나는 몰랐다.

〈155〉 서술어가 형용사이고 그 바로 앞에 주어기 오면 조사 「이/가」가 온다.

ㄱ. 동성동분은 결혼을 피한다는 사실을 명심해 두는 게 좋다.

ㄴ. 인도 사람들은 얼굴이 검은 사람들이 아닌가?

ㄷ. 나는 그때까지 내 얼굴이 검다는 것을 모르고 있었다.

ㄹ. 얼굴이 새까맣고 코만 뾰족해서 아주 실망하였다고 하더라.

ㅁ. 손주도 당연히 얼굴이 하얀 아기여야 한다고 주장하였다.

〈156〉 '뛰어나다'가 서술어가 되고 그 앞에 절의 주어가 오면 그 주어에는 조사 「이/가」가 온다.

ㄱ. 철수가 영희보다 머리가 뛰어났다.

ㄴ. 그는 성적이 아주 뛰어났다.

ㄷ. 미국은 기술이 세계에서 제일 뛰어났다.

ㄹ. 그는 운동기술이 아주 뛰어났다.

ㅁ. 우리나라는 줄기세포 분야가 세계에서 제일 뛰어났다.

〈157〉 서술어기 '오르다'이고 그 바로 앞에 주어가 오면 주어에는 조사 「이/가」가 온다.

ㄱ. 말이 오르면 나라가 오른다.

ㄴ. 겨울이 되면 과일 값이 오른다.

ㄷ. 봄철에 나무에 물이 오르면 잎이 피고 꽃도 핀다.

ㄹ. 그는 축구를 잘하여 인기가 올라갔다.

ㅁ. 그는 공부를 열심히 하여 성적이 올랐다.

ㅂ. 그는 월급이 많이 올랐다.

〈158〉 접속사 '하고' 다음에는 조사 「가」가 온다.

ㄱ. 우리 김해 김씨하고 가락 허씨하고 인천 이씨하고가 다 한 할아부
지 자손 아입니꺼?

ㄴ. 너하고 나하고가 우리 모두 일가이다.

ㄷ. 우리가 먹는 것 중에 소고기하고 밥하고가 제일 맛있다.

ㄹ. 우리가 하는 공부 중에서 수학하고 영어하고가 제일 재미있다.

ㅁ. 아빠하고 나하고가 만든 꽃밭에 채송화와 봉숭화가 활짝 피었다.

〈159〉 서술어의 어미가 '~는가/~은가'이면 그 뒤에 조사 「가」가
온다.

ㄱ. 잠시 후 누군가가 대답하였다.

ㄴ. 그가 잘 있는가가 큰 걱정이다.

ㄷ. 비가 오는가 눈이 오는가가 우리의 관심거리이다.

ㄹ. 우리 팀이 이기는가 지는가가 큰 관심거리이다.

ㅁ. 그가 건강한가가 우리의 관심사이다.

⟨160⟩ 서술어의 어미가 '~느냐'이면 그 뒤에 주격조사 「가」가 온다.

ㄱ. 그가 오느냐 오지 않느냐가 문제이다.

ㄴ. 비가 오느냐 오지 않으냐가 관심거리이다.

ㄷ. 이번에 누가 이기느냐가 흥밋거리이다.

ㄹ. 우리가 이기느냐 지느냐가 너에게 달려 있다.

ㅁ. 죽느냐 사느냐가 문제가 아니다.

⟨161⟩ 서술어 어미 '~던가'이면 그 뒤에 주격조사 「가」가 온다.

ㄱ. 그가 잘 있던가가 문제이다.

ㄴ. 거기는 비가 왔던가가 알고 싶다.

ㄷ. 그가 무엇을 하고 놀았던가가 관심거리이다.

ㄹ. 철수가 공부를 잘하였던가가 문제이다.

ㅁ. 그 강에 배가 오고 가고 하던가가 궁금하다.

⟨162⟩ 서술어 어미가 '~든지'이면 그 뒤에 주격조사 「가」가 온다.

ㄱ. 그가 왔든지 안 왔든지가 알고 싶다.

ㄴ. 비가 왔든지 안 왔든지가 문제가 아니다.

ㄷ. 우리가 이겼든지 졌든지가 궁금하다.

ㄹ. 그가 잘 갔든지가 궁금하다.

ㅁ. 그가 잘 있든지가 알고 싶다.

〈163〉 서술어 어미가 '~는지'이면 그 뒤에 주격조사 「가」가 온다.

ㄱ. 거기는 비가 왔는지 안 왔는지가 궁금하다.

ㄴ. 네가 잘 있는지가 알고 싶다.

ㄷ. 네가 잘 있는지가 문제이다.

ㄹ. 소가 잘 자라는지가 걱정이다.

ㅁ. 그가 잘 도착했는지가 묻고 싶다.

〈164〉 지정사 '~인가' 다음에는 주격조사 「가」가 온다.

ㄱ. 누군가가 전화를 했더라.

ㄴ. 여기에 무엇인가가 붙어 왔더라.

ㄷ. 여기가 어디인가가 궁금하다.

ㄹ. 값이 얼마인가가 알고 싶다.

ㅁ. 어제 누군가가 찾아왔더라.

〈165〉 지정사 '~인지' 다음에는 주격조사 「가」가 온다.

ㄱ. 밤에 무엇인지가 들어왔다가 갔다.

ㄴ. 여기가 어디인지가 알고 싶다.

ㄷ. 어제 누구인지가 전화를 했더라.

ㄹ. 그의 결혼 날자가 어제인지가 궁금하다.

ㅁ. 책값이 얼마인지가 궁금하다.

〈166〉 하나의 문장이나 접속복문에서 맨 앞 주어에 보조조사 「은

/는」이 오면 그 다음에 오는 두 주어에는 조사 「이/가」가 온다.

ㄱ. 이는 잉어가 윤관의 가계인 파평 윤씨의 토템이라는 이야기가 된다.
ㄴ. 이것은 북어 즉 물고기가 재액을 막아 주는 기능이 있다고 믿는 한국의 기층문화를 대변해 준다.
ㄷ. 인권은 누가 대신 지켜 주는 것이 아닙니다.
ㄹ. 평가된 새 상징국조는 미리 정해진 무리가 아니어서 자동문법의 제한된 기체로서 연산적으로 유도될 수 있는 것이 아닙니다.
ㅁ. 이 기계는 우리가 제작할 수 있는 것이 아닙니다.

〈167〉 서술어가 '빠르다'이면 주어에는 조사 「이/가」가 온다.

ㄱ. 네가 철수보다 빠르다.
ㄴ. 세월이 물과 같이 빠르다.
ㄷ. 비행기가 기차보다 빠르다.
ㄹ. 세월이 하도 빨라서 내 나이가 미수가 되었다.
ㅁ. 시내버스보다 지하철이 빠르다.
ㅂ. 너는 계산이 빠르다.

〈168〉 한 문장에서 주어가 셋 이어질 때 맨 앞의 주어에 「이/가」가 오면 그 뒤에 오는 주어에도 조사 「이/가」가 온다.

ㄱ. 그 사람이 말하는 족장이 무슨 뜻인지 알 수가 없었다.
ㄴ. 내가 얼굴이 검게 된 원인을 제공한 주인공이 바로 그 여인이기

때문이다.

ㄷ. 그때 물속에서 자라와 물고기가 떠올라 와서 다리를 놓아주어 주몽 일행이 무사히 강을 건넜다는 설화가 있기 때문이다.

ㄹ. 내 얼굴이 검게 된 이유가 우리 어머니 때문이 아니다.

ㅁ. 그 조상이 할아버지나 증조할아버지처럼 가까운 조상이 아니라 이천 년이나 되는 아주 옛날에 사셨던 가락국의 시조라니 야릇한 느낌이 들었다.

〈169〉 다음 (ㄱ~ㄹ)의 ⅰ와 같은 의문문에 대한 답문장의 주어에는 조사 「이/가」가 온다.

ㄱ. ⅰ. 여기가 서울이냐?

　　ⅱ. 여기가 서울입니다.

ㄴ. ⅰ. 네가 철수이냐?

　　ⅱ. 제가 철수입니다.

ㄷ. ⅰ. 오늘이 일요일이냐?

　　ⅱ. 오늘이 일요일입니다.

ㄹ. ⅰ. 이것이 연필이냐?

　　ⅱ. 이것이 연필입니다.

〈170〉 어떤 사실을 나타내는 절이 올 때 그 절의 주어에는 조사 「이/가」가 오고 절의 주어가 문장 전체의 주어가 될 때 조사는 「은/는」이 오며 그 문장 전체의 서술절의 주어에는 조사 「가」가 온다.

ㄱ. 학창시절이 끝나다는 것은 참으로 아쉬운 일이 아닐 수 없었다.

ㄴ. 일이 끝난다는 것은 참으로 즐거운 일이 아닐 수가 없다.

ㄷ. 일이 없다는 것은 괴로운 일이 아닐 수 없다.

ㄹ. 돈이 없다는 것은 서글픈 일이 아닐 수 없다.

ㅁ. 일이 많다는 것은 즐거운 일이 아닐 수 없다.

〈171〉문장 앞에 부사절이 오고 그 다음에 문장 전체의 주어가 오고 관형절의 꾸밈을 받는 서술절의 주어가 오면 부사절의 주어와 서술절의 주어에는 조사 「이/가」가 오고 문장 전체의 주어에는 조사 「은/는」이 온다.

ㄱ. 얼굴에서 여드름이 나던 사춘기부터 나는 거울을 볼 때마다 이미 돌아가신 우리 할머니의 엉터리 같은 유전론이 머리에 떠올랐다.

ㄴ. 아기가 태어날 때 나는 어릴 적 할머니의 말씀이 머리에 떠올랐다.

ㄷ. 일이 많을수록 나는 늘 할아버지의 도움이 필요하였다.

ㄹ. 네가 알듯이 나는 언제나 산보가 하고 싶었다.

ㅁ. 그가 나를 따라올수록 나는 신이 나서 달리고 달렸다.

〈172〉문장 전체의 주어가 소유주이고 그 주어 다음에 비교절이 오면, 그 전체 주어에는 조사 「은/는」이 오고 뒤 비교절의 주어에는 조사 「이/가」가 온다.

ㄱ. 얼굴이 검은 사람은 얼굴이 흰 사람보다 인도 출신 할머니의 유전 인자를 더 많이 가지고 있는 사람이다.

ㄴ. 마음이 착한 사람은 마음이 악한 사람보다 복을 많이 받는다.

ㄷ. 머리가 좋은 사람은 머리가 나쁜 사람보다 공부를 잘 한다.

ㄹ. 인심이 좋은 사람은 인심이 나쁜 사람보다 복을 많이 받는다.

ㅁ. 키가 큰 사람은 키가 작은 사람보다 힘이 약하다.

〈173〉 부사절이 문장의 맨 앞에 오고 관형절이 그 다음에 와서 문장의 주어를 꾸밀 때 그 주어에는 물론 부사절과 관형절의 주어에는 조사 「이/가」가 온다.

ㄱ. 그때 물속엣 자라와 물고기가 떠올라와 다리를 놓아주어 주몽일행이 무사히 강을 건넜다는 설화가 있기 때문이다.

ㄴ. 입구에는 홍살문이 서 있어서 단번에 신부인 높은 사람의 무덤이 있는 곳임을 알 수 있었다.

〈174〉 앞 절의 주어에 조사 「이/가」가 오고 서술절의 서술어가 형용사이면 그 주어에는 조사 「이/가」가 오고 뒷 절의 서술어가 '되다/아니다…'이면 뒷 절의 주어에도 조사 「이/가」가 온다.

ㄱ. 여자가 목소리가 크면 과부가 된다.

ㄴ. 네가 키가 작았으면 미인이 되었지.

ㄷ. 그가 목소리가 좋았으면 가수가 되었지.

ㄹ. 철수가 키가 너무 커서 미남이 아니다.

ㅁ. 네가 돈이 없어서 부자가 되지 못하였다.

〈175〉 문장의 주어가 관형절이 주장하는 말이고 관형절의 주어가 조사 「이/가」이면 문장의 주어의 조사도 「이/가」이다. 그리고 서술어의 서술어가 '되지 않다/없다/같다/~스럽다'이면 그 서술어에도 조사 「이/가」가 온다.

　　ㄱ. 허황옥이 자신을 아우타국 공주라고 말하고 있는 점이 아무래도
　　　　잘 이해가 되지 않았다.
　　ㄴ. 네가 하는 일이 잘 이해가 되지 않는다.
　　ㄷ. 일이 되어 가는 꼴이 잘 될 승산이 없다.
　　ㄹ. 날씨가 흐린 것이 아무래도 눈이 올 것 같다.
　　ㅁ. 네가 한 말이 참말인가 아닌가가 의심스럽다.

　　〈176〉 첫째 절이 의문법으로 되어 있고, 둘째 절이 부사절이 되어
있으며, 셋째 절이 의문법으로 되어 있으면 각 절의 주어의 조사는
「이/가」가 된다.

　　ㄱ. 아유타가 옛날 인도의 이름인가, 아니면 인도를 중국 사람들이
　　　　불교식으로 천축국이라고 부르듯이 어떤 다른 민족이 인도를 아
　　　　유타국이라고 부른 이름인가?
　　ㄴ. 이것이 네가 말한 그 책인가, 아니면 어떤이가 갖다 준 것인가?
　　ㄷ. 네가 말한 것이 사실인가, 아니면 남이 꾸며댄 말인가?
　　ㄹ. 네가 한 일이 잘 되었는가, 아니면 남이 너를 사기친 것이 아니더
　　　　냐?
　　ㅁ. 일이 왜 이 모양이 되었는가, 혹 네가 잘못 한 것이 아니냐?

　　〈177〉 주어에 관형절이 오고 서술절의 서술어가 '아니다/없다/…'
등등이 올 때 각 절의 주어에는 조사 「이/가」가 온다.

ㄱ. 내 얼굴이 검게 된 이유가 우리 어머니 때문이 아니다.

ㄴ. 인도 여인의 유전 인자가 튀어나온 것이 아닌가 하는 생각이 떠올랐다.

ㄷ. 그 사람이 말하는 족장이 무슨 뜻인지 알 수가 없었다.

ㄹ. 내가 얼굴이 검게 된 원인을 제공한 주인공이 바로 그 여인이기 때문이다.

ㅁ. 그 조상이 할아버지나 증조할아버지처럼 가까운 조상이 아니라 2천 년이나 되는 아주 옛날에 사셨던 가락국의 시조라니 야릇한 느낌이 들었다.

〈178〉 앞 절의 주어의 서술절에서의 서술어가 '되다/~하다/~이다'이고 뒷 절의 서술어가 '되다/아니다/생겨나다/이다/없다…' 등일 때는 문장의 주어와 각 절의 주어에는 조사 「이/가」가 온다.

ㄱ. 수로왕의 두 아들이 허씨가 되었고 가락국의 근거지인 김해를 본관으로 한 김해 허씨가 생겨났다고 한다.

ㄴ. 너의 큰아들이 검사가 되었고 작은 아들은 검사가 아니구나.

ㄷ. 나의 사랑하는 학생이 고시에 합격하였고 다른 학생은 합격이 되지 아니하였다.

ㄹ. 올해 농사가 풍년이고 내년 농사도 풍년이지.

ㅁ. 네가 사람다운 사람이 되었으니 이제 나는 아무 근심이 없다.

〈179〉 몇 개의 절이 이어져서 문장을 이룰 적에 서술어가 '되다/있다/없다/아니다/…' 등일 때는 각 주어에는 조사 「이/가」가 온다. 경우에 따라서는 주어를 지칭하거나 다른 서술어가 와도 조사는 「이/

가」가 온다.

　ㄱ. 엄마 내가 시험지 답안을 막 쓰고 있는데 독일어 시간이 왔다
　　 하면서 특별수업 선생이 나를 불러 내갔잖아.

　ㄴ. 여럿이 모여 앉다 보면 특별히 즐길 만한 놀이가 없으니까 자꾸
　　 화투짝을 만지게 되는데 사실은 사람 할 일이 아니지요.

　ㄷ. 여성 유권자들이 내가 후보라는 생각으로 여성 출마자를 지켜
　　 주는 보호막이 돼야 한다.

　ㄹ. 여성철학은 우리 사회가 아직도 남녀평등의 사회가 아니라 남성
　　 으로 대표되는 강자의 법칙이 지배되는 반인간적인 이런 체제는
　　 변화되어야 한다는 현실적인 개혁 의지에서 출발한 학문이다.

　ㅁ. 여자가 재주가 있으면 박복하다는 말이 나온 것도 이 시기였다.

〈180〉 주어를 지칭하거나 서술어가 '오다/있다/무겁다/내리다/띄
다/받다/걸리다/쉽다…' 등이 오면 주어에는 조사 「이/가」가 온다.

　ㄱ. 여자가 한을 품으면 오뉴월에 서리가 내린다는데 그 놈이 아무렴.

　ㄴ. 우리나라 속담에 비가 오면 반가운 손님이 온다는 말이 있습니다.

　ㄷ. 그들의 쿠웨이트 침공 이유가 방위적 성격을 띤 것으로 그들이
　　 쿠웨이트의 위협을 받았다는 말을 들었는데 세계의 어느 나라가
　　 그 말을 믿을지 아주 어렵다는 말을 아지즈 장관에게 했다.

　ㄹ. 오늘도 고기가 많이 올라오니까 그물이 무거워서 속망이 안 되는
　　 것을 어짜것노.

　ㅁ. 왜 이 서류가 검열에 걸렸나 조사하면서 혹 아주머니가 대학 때
　　 데모를 한 적이 있나 생각하고 엉뚱하게 딴쪽으로 조사를 했습

니다.

ㅂ. 외국인 교수 임용의 어려움이 의대의 역사가 되었던 적이 있었습니다.

ㅅ. 이게 말이 쉽지 당사자로서는 정리해고 당한다는 것은 결국은 어떻게 보면 참 사형선고나 같고 가족으로서는 전부 명줄이 끊어진거나 마찬가지입니다.

〈181〉 서술어가 '들어오다/내리다/좋아지다/강림하다/말하다/믿어지다/붓다…' 등등이 올 때는 주어에는 조사 「이/가」가 온다.

ㄱ. 중국에는 농산물이 많이 들어와서 값이 많이 내렸다.

ㄴ. 그가 우리 반에 들어와서 학급이 대단히 좋아졌다.

ㄷ. 말이 내리면 나라가 내린다.

ㄹ. 예수님이 한 번 오셨듯이 성령이 그 날이 강림해서 오늘 우리들의 가슴에 계시다는 사실을 믿기 바랍니다.

ㅁ. 그는 우리가 말하는 것이 믿어지지가 아니하는 듯하다.

ㅂ. 다리가 부어서 더 걷지 못하겠다.

위의 ㅁ에서 보면 주격조사가 3번 와 있음을 알 수 있다. 이와 같이 주어를 굳이 지칭하고자 할 때는 「이/가」가 이 이상 더 계속해서 쓰일 수 있다.

〈182〉 문정의 시술이가 '검다/뛰어니오디/떠오르다…' 등등이 되면서 주어를 굳이 지칭하고자 할 때는 주격조사는 「이/가」가 온다. 다음 예에서 보면 주격조사가 6개가 와 있다.

ㄱ. 내 얼굴이 검게 된 이유가 우리 어머니 때문이 아니라 어쩌면 아주 옛날부터 김해 김씨들의 몸속에 숨겨져 있던 인도 여인의 유전인자가 튀어나온 게 아닌가 하는 생각이 떠올랐다.

〈183〉 서술어가 '잡히다'가 올 때 그 앞의 주어의 조사는 「이/가」가 오고 나열하여 설명할 때의 주어에는 「은/는」이 온다.

ㄱ. 정확한 수출 통계가 잡히지 않고 있지만 올 들어 지난 23일까지의 통관 기준 수출은 4백 27억 달러 수입은 5백 27억 달러 안팎으로 수출입 차는 98억 달러 선에 이르고 있는 것으로 잠정 집계되고 있다.

〈184〉 문장의 주제에는 조사 「은/는」이 오고 그와 관련이 있는 주어에는 조사 「이/가」가 온다.

ㄱ. 할머니는 내가 변성기가 지나서야 비로소 내 목소리가 아버지의 목소리와 똑같다고 하셨다.
ㄴ. 문화중심지는 두 군데를 들 수 있는데 하나가 내가 갔던 노론토이고 또 하나가 몬트리올입니다.

〈185〉 지정의 뜻을 나타내는 주어에는 조사 「은/는」이 오고 지칭하는 주어에는 조사 「이/가」가 온다. 이들은 서로 섞이어 쓰이면서 문장이나 절의 주어 노릇을 한다.

ㄱ. 어린이의 실종은 언제 누가 당할지 모른다는 데서 결코 남의 일이

아닌 우리 모두의 불행이라고 강조한 홍 국장은 전국의 부모들이 내 아이를 찾는 심정으로 이 운동에 적극 동참해 줄 것을 다시 한 번 강조했다.

〈186〉 서술어가 '되다'일 때 주어가 두 개 거듭되어도 조사 「이/가」가 오고 앞 절의 꾸밈을 받는 지정어는 조사 「은/는」을 취한다.

ㄱ. leaf가 복수형이 될 때 f가 v가 된다는 것은 합성상징구조 leaves가 문법의 관습단위에 표현된다는 말이다.

〈187〉 '명사＋은/는'이 주어가 될 때는 조사 「로서는/은(는)」이 오고 여타의 주어에는 조사 「이/가」가 온다.

ㄱ. 이게 말이 쉽지 당사자로서는 정리해고 당한다는 것은 결국은 어떻게 보면 참 사형선고나 같고 가족으로서는 전부 명줄이 끊어진 것이나 마찬가지입니다.

〈188〉 문장 전체의 주어에는 지정조사 「은/는」이 오고 이에 대하여 설명하는 절의 주어에는 조사 「이/가」가 온다.

ㄱ. 어쨌거나 내 생각은 노동자들에게 우리가 먼저 신랄한 자기비판을 할 필요가 있다는 거야.
ㄴ. 에너지 질약은 정부가 하라고 헤서 되는 게 아닙니다.
ㄷ. 여러분은 내가 김대표와 경쟁을 하느니 어쩌니 하고 있지만 경쟁할 게 없어요.

ㄹ. 여러분의 인권은 누가 대신 지켜 주는 것이 아닙니다.

ㅁ. 여성문제는 개인의 무제가 아니라 가부장적 사회구조의 산물이
라는 사회학적 상상력이 필요하다.

ㅂ. 우리나라의 날씨는 흐리고 천둥번개가 치고 비가 오겠습니다.

ㅅ. 김해 김씨와 김해 허씨는 한 할아버지의 자손이므로 성이 달라도
결혼을 하지 않는 것이 관행으로 되어 있다.

ㅇ. 나는 얼굴이 남보다 검다는 게 크게 부끄럽지 않게 되었다.

ㅈ. 그것은 흡사 우리가 가 본 일이 없는 어느 시골길을 찾아가는
것과 같다거나 할까.

ㅊ. 해체광고는 서술구조가 파괴된 상태에서 두 가지의 상이한 이야
기가 전개된다.

〈189〉 앞에 부사절 접속절이 셋이 오고 뒤에 종결절이 와서 그
주어가 모든 말을 뭉뚱그릴 때는 그 주어에는 조사 「은/는」이 오고
앞 세 절의 주어에는 조사 「이/가」가 온다.

ㄱ. 오합지졸이 난을 일으켰기 때문에 남의 군대가 들어오고 청국이
왜적에게 당하게 되고 따라서 우리 국운도 기울게 된 그 책임을
면할 수는 없겠지요.

〈190〉 하나의 문장에서 절이 2~3개가 이어질 때 맨 앞 절의 주어
의 조사가 「이/가」이면 그 뒷 절의 주어의 조사도 「이/가」가 된다.
다만 그 서술어는 '나다/단정하다/정중하다/말하다/다르리다/있다
/의문사…' 등등이 된다.

ㄱ. 여보소 이렇게 수십 수백 명의 사상자가 났는데 그 사실을 보도하
   는 앵커맨이 단정하고 정중한 차림을 하지 않고 그게 차림이 뭐요
   앙?

ㄴ. 여행 자유화가 되고 국제 비즈니스가 일반화하면서 우리나라 사
   람들 매너 나쁜 것이 여러 번 문제가 되지 않았습니까?

ㄷ. 예술가가 말하고자 하는 바가 말로 설명이 되는 것이라면 그 자신
   이 말로 했을 터이다.

ㄹ. 옛날에 나라고 이르던 바가 이젠 도리어 저가 되니 아지 못해라,
   오늘의 내가 또 뒤에 누가 되랴 하였다.

ㅁ. 옛날에 달팽이의 왼쪽 뿔 위에는 촉씨가 다스리는 나라가 있었고
   오른쪽 뿔 위에는 민씨가 다스리는 나라가 있었습니다.

위의 예문에서는 조사 「이/가」가 4개가 쓰여 있다.

〈191〉 이야기의 주제가 되는 주어에는 조사 「은/는」이 오고 이를
수식하는 관형절의 주어와 서술절의 주어에는 조사 「이/가」가 온다.

ㄱ. 그분의 제삿상에는 반드시 숭어가 오른다는 이야기는 들은 적이
   있지만 그분의 사당에 숭어의 그림을 조각해 놓았다는 얘기는
   듣지 못하였다.

〈192〉 어떤 소유주가 문장의 주어가 될 때에는 조사 「은/는」이
오고 그 소유물에는 조사 「이/가」가 온다. 또는 주제어가 주어가
되고 서술절에 주어가 오면 주제어에는 조사 「은/는」이 오고 서술
절이 주어에는 조사 「이/가」가 온다.

ㄱ. 붕어는 체형이 잉어보다 짧고 잉어는 주둥이 양끝에 수염이 있다.

ㄴ. 두 사람 사이에서 낳은 아들들 중에 어떤 이들은 김해 김씨가 되고 어떤 이들은 김해 허씨가 되었다는 이야기가 전해 온다.

ㄷ. 엘리아스 스포츠는 프리에이전트 선수가 다른 팀과 계약할 때 전소속 구단이 보상받는 신인 드래프트 순위를 결정하기 위해 지난 81년부터 해마다 2년 동안의 성적을 토대로 평점을 매겨 왔다.

ㄹ. 난 너가 이렇게 불쑥 나타나리라고 예상은 하고 있었다마는 막상 너를 만나 절을 받으니 감개가 무량하다.

ㅁ. 왕세자의 수채화전은 여러 번 열렸지마는 왕사제가 직접 자신의 작품을 관람하러 오기는 이번이 처음이라고 귀띔.

〈193〉 문장의 주어로서 소유주가 두 번 쓰이고 서술절이 오면 소유주가 되는 주어에는 조사 「이/가」는 쓰이고 서술절의 주어에도 조사 「이/가」가 쓰인다.

ㄱ. 누치는 잉어보다 몸은 길지만 수염이 없다.

ㄴ. 나의 조상 할아버지는 왕이셨고 할머니도 당당한 인도의 공주님 이셨다는 전설 같은 이야기는 나를 으쓱하게 만들고도 남음이 있었다.

ㄷ. 혈압은 올라가고 마른기침은 심해 오고 산다는 것이 지겹다.

ㄹ. 내 주장은 이들 짝진 표현들은 의미가 다르다는 것이다.

ㅁ. 내 말은 그의 한 말은 그 표현이 잘못 되었다는 것이다.

〈194〉 특히 지칭하고자 하는 말에는 조사 「이/가」가 오고 문장의 결론적 주제어에는 조사 「은/는」이 온다.

ㄱ. 부녀회가 주동이 되어 공장장에게 몰려간 부인네들은 책상을 뒤엎고 유리그릇을 박살내 버림으로써 통쾌하게 복수했다.

ㄴ. 외교적인 측면에서 영향을 미칠 이유가 되지는 않겠지만 프랑스가 정치적 경제적으로 엄청난 실망을 느끼게 될 것은 사실이다.

ㄷ. 내가 얼굴이 검은 것은 전적으로 조상 탓인 것이다.

ㄹ. 정권에 불만이 있는 사람들은 정부기관에서 고치고 다듬을 말을 불만을 들어내는 수단으로 삼을 가능성마저 있다.

ㅁ. 가락국 사람들의 마음속에 물고기가 어떤 특별한 신통력으로 사람을 보호해 준다는 믿음이 있었던 것은 아닐까?

ㅂ. 우리가 선생님의 이야기에 관심을 쏟자 신이 난 역사 선생님은 이야기를 계속하였다.

ㅅ. 미국말 배우기가 얼마나 필요한가란 물음에 대한 생각을 해 보지도 않고 온 겨레가 미국말 공부에 매달리는 것은 슬기롭지 못하다.

〈195〉 문장 앞 절에서 주체가 되는 주어에는 조사 「이/가」가 오고 주제가 되는 말에는 조사 「은/는」이 온다. 다만 그 수에는 별 구애됨이 없다.

ㄱ. 어머니인 마리아가 가나에서 예수님의 공생애의 때를 밝혀 준 것처럼 배다니의 어머니는 사랑과 직관을 통하여 향유로써 죽음의 때가 당두한 것을 보여주었던 것이다.

ㄴ. 어쨌든 내가 자네한테 말할 수 있는 것은 이십 년이나 지난 오늘에 와서 그런 일을 보상하기엔 때가 너무 늦었다 하는 점일세.

ㄷ. 첫 손님이 여자이면 그 날은 재수가 없다.

ㄹ. 오늘밤 내가 한 말은 낱낱이 가슴을 찌르는 말이었다.

ㅁ. 네가 한 일은 모두 보람이 있다.

〈196〉 문장의 맨 앞에 지정어가 와서 주어가 되고 그 다음에 이를 설명하는 절이 올 때 그 설명하는 절의 주어의 조사는 「이/가」가 된다. 이때 이들 조사는 두 개도 되고 세 개도 될 수 있으나 여기서는 두 개인 경우의 예를 보이기로 한다.

ㄱ. 이것은 어느 잉어가 윤관의 가계인 파평 윤씨의 토템이라는 이야기가 된다.

ㄴ. 이것은 북어 즉 물고기가 재액을 막아주는 기능이 있다고 믿는 한국의 기층문화를 대변해준다.

ㄷ. 인권은 누가 대신 지켜주는 것이 아닙니다.

ㄹ. 이것은 지가 이렇게 지키고 있어서 사람들이 손을 못 대지예.

ㅁ. 평가된 새 상징구조는 미리 정해진 무리가 아니어서 자동문법의 제한된 기체로서 연산적으로 유도될 수 있는 것이 아니다.

〈197〉 여기서 예로 보이는 것도 〈203〉에서 예로 보인 것과 같은 것으로서 다만 「이/가」로 된 주어가 세 개 오는 경우의 예를 보이기로 하겠다.

ㄱ. 여기선 세 차례나 시위가 있었지만 모두 학생이 주동이 돼서 한 일이니까요?

ㄴ. 근대 우리는 애들이 쪼끔 특기 같은 게 벌써 좀 정해져 있다시피

머 좋아하는 게 있어요.

ㄷ. 사노는 기진맥진해 자기가 낳은 자식을 식별하지 못할지도 모르니까 그런 때일수록 경험이 많은 노인네가 정신을 똑바로 차려서 자기네 핏줄을 제대로 찾아와야 한다고 주장하셨던 거야.

〈198〉「이/가」조사를 갖는 주어로 시작되는 관형절이 꾸미는 주어에는 조사「은/는」이 온다.

ㄱ. 우리가 탄 기차는 어느덧 대전역에 도착하였다.

ㄴ. 얼굴이 검은 사람은 인도 출신의 할머니의 유전인자를 더 많이 지니고 있는 사람이다.

ㄷ. 지붕 하나에 문 세 개가 나란히 붙어 있었는데 문은 모두 닫혀 있었다.

ㄹ. 그 무고기가 그려져 있는 것은 알긴 알지예.

ㅁ. 허황옥이라는 여인의 고향이 인도라는 말은 나에게는 중요한 사실이었다.

ㅂ. 왕의 마음 씀씀이가 소에게까지 미쳤으면서도 백성들에게 나타나지 않는 것은 무슨 까닭입니까?

ㅅ. 외국산 소고기가 수입 5년 만에 다른 곳도 아닌 축협에서 한우고기보다 더 많이 팔리는 걸 볼 때 수입 개방 뒤 농촌 파탄은 불 보듯 뻔해요.

ㅇ. 신통력으로 사람을 보호해 준다는 믿음이 있었던 것은 아닐까?

위의 보기 ㄷ은 「이/가」로 시작되는 절이 부사절인데도 뒷 절의 주어에는 「은/는」으로 되어 있다.

〈199〉 굳이 지칭하고자 하는 주어에는 조사 「이/가」를 붙인다. 이때 주어가 2개든 3개든 상관이 없다.

ㄱ. 어르신네가 좋아하던 음식이라서 민수 엄마가 만들었어요.

ㄴ. 어린이 실종이 남의 일 아니지요. 우리 모두가 실종 어린이들을 꼭 찾아내 시름에 잠긴 이웃이 하루 빨리 불행에서 벗어나도록 해야겠습니다.

ㄷ. 어저께 내가 진술한 것이 다 사실로 밝혀졌죠.

ㄹ. 내가 곡식으로 차지한 것이 전혀 자네들을 위함에서 그렇게 한 거야.

ㅁ. 어제 채란 씨가 외출하고 의사가 다녀가는 것을 보았을 겁니다.

ㅂ. 그때 자전거가 휙 지나치자 물고기 비린내가 훅 끼친다.

ㅅ. 언론의 획기적인 발전을 가져오는 계기가 되도록 하는 데 그 목적이 주어져야만 할 것으로 생각된다.

ㅇ. 한국인의 몸속에 외국인의 유전인자가 스며들게 된 사건이 되었으며 그와 함께 외국의 문화인자도 한국 문화 속에 섞이게 되었다.

ㅈ. 여기 1현장에서 받아주지 않은께 자네가 저 건너 2현장으로 가서 붙어 보려고 하고, 그도 안 된께 3현장 4현장으로 가 보고 또 거기서도 안 받아 준께 파출소로 가서 그럴 수가 있느냐고 항의를 하고 그래도 안 된께 지서에까지 가서 들이댔다는 말을 다 듣고 있었네.

ㅊ. 이번 회담이 어렵게 성사된 만큼 우리 측에서는 조그마한 성과라도 얻어내기 위해 틈만 나면 남북 총리 단독회담을 시도하는 등 백방으로 노력한 게 사실이었습니다.

〈200〉 굳이 행동의 주체를 나타내고자 할 때는 조사 「이/가」를 붙인다.

ㄱ. 어머니인 마리아가 가나에서 예수님의 공생애의 때를 밝혀 주었다.

ㄴ. 오늘 아침에 남편한테서 국제전화가 걸려왔어요.

ㄷ. 어머님, 경희가 잠깐 다니러 온답니다.

ㄹ. 왜 우리가 위험을 무릅쓰고 달에 갔다 왔는지 생각해 봐야 한다.

ㅁ. 예쁜 계집애가 하나 시굴서 왔느네…가 보지 않으려니?

ㅂ. 재정 담당 비서가 출두하셨구먼.

ㅅ. 어서 들어가세요. 어머니가 나와요.

ㅇ. 어쩌다, 우리가 여기까지 왔지요?

ㅈ. 영철이가 볼이 퉁퉁 부어서 신철이를 바라보았다.

ㅊ. 철이를 보고 어머니가 참으로 좋아하셨다.

〈201〉 피동사가 서술어가 되면 그 주어에는 조사 「이/가」가 온다.

ㄱ. 유년복으로는 많은 자료가 보이지 않으나 조선조에서 약간의 기록을 볼 수가 있다.

ㄴ. 슈트보다는 오히려 드레스나 코트가 더 날씬해 보이고 돋보인다.

ㄷ. 여기서는 고기가 많이 잡힌다.

ㄹ. 동해에서는 고기가 잘 낚인다.

ㅁ. 이 물레가 잘 돌린다.

〈202〉 서술어가 '일어나다/일어나게 되다…' 등이 올 때는 주어에는 조사 「이/가」가 온다.

ㄱ. 그런 사건이 일어나게 된 과정과 유라시아 대륙의 당시 상황을 분석한 역사 추적을 책으로 엮어 본 것이다.

ㄴ. 1950년에 6.25 전쟁이 일어나게 되었다.

ㄷ. 무슨 사건이 이리도 매일 일어나는지 알 수가 없다.

ㄹ. 너희들이 일으킨 사건이 저들이 일으킨 사건보다 훨씬 더 많다.

ㅁ. 오늘은 또 무슨 일이 일어날지 알 수가 있나?

〈203〉 문장의 서술어가 '생기다'이면 그 주어에는 조사 「이/가」가 온다.

ㄱ. 시대가 지남에 따라 많은 변화가 생겼다.

ㄴ. 분이에게는 아이가 생겼단다.

ㄷ. 그에게는 많은 돈이 생겼단다.

ㄹ. 이번 입시 문제에서는 큰 착오가 생겼다고 매스컴이 야단이야.

ㅁ. 이번 일이 잘 생겼다고 철수는 좋아 날뛰더라.

〈204〉 문장이 서술어가 '생각나다'이면 그 주어에는 조사 「이/가」가 온다.

ㄱ. 나는 어릴 적 일이 생각나서 못 견디겠다.

ㄴ. 6.25 때 일이 생각나면 소름이 끼친다.

ㄷ. 그는 어머니의 일이 생각나면 눈물을 흘리며 울어댄다.

ㄹ. 마음이 울적하면 그때 일이 생각난다.

ㅁ. 그때 그 일이 생각나면 견딜 수가 없다.

〈205〉 문장의 서술어가 '나다/돋아나다/생각나다/솟아나다/울어나다' 등과 같이 '나다'로 끝나는 서술어가 오면, 그 주어에는 조사 「이/가」가 온다.

ㄱ. ⅰ. 이 샘에서는 물이 참 잘도 난다.
　　ⅱ. 이 장에서는 좋은 채소가 많이 난다.
ㄴ. ⅰ. 봄에는 풀잎이 돋아난다.
　　ⅱ. 이 꽃나무에서 꽃잎이 돋아난다.
ㄷ. ⅰ. 나는 고향이 생각난다.
　　ⅱ. 나는 옛날 우리 담임선생님이 생각난다.
ㄹ. ⅰ. 이 우물에서는 물이 잘 솟아난다.
　　ⅱ. 아랍의 유전에서는 석유가 막 솟아난다.
ㅁ. ⅰ. 선생님에 대한 존경심이 마음으로부터 우러난다.
　　ⅱ. 애국심이 스스로 우러난다.
ㅂ. ⅰ. 애국심이 마음으로부터 스스로 우러나온다.
　　ⅱ. 봉사하고자 하는 마음이 스스로 우러나온다.

〈206〉 명사법 「음/기」가 주어가 되면 그 조사는 「이/가」가 온다.

ㄱ. 미경이는 땅에 엎드리기가 무엇했는지 서서 고개를 숙여 묵념을 하는 모양이었다.
ㄴ. 하나님으로부터 복을 받음이 얼마나 행복한 일인지를 모르겠다.
ㄷ. 물이 솟아남이 기둥과 같도다.
ㄹ. 하루라도 걱정 없음이 참으로 다행이로다.
ㅁ. 나 보기가 역겨워 가실 때에는 말없이 고이 보내 드리오리다.

〈207〉 수사가 문장의 주어가 될 때는 조사 「이/가」가 온다.

ㄱ. 경고성이 좋기 때문에 안락감 있는 옷감 중의 하나가 될 수 있다.

ㄴ. 비 오는 학교 길에 우산 셋이 나란히 걸어갑니다.

ㄷ. 비좁은 길에서 학생 둘이 다투고 있었다.

ㄹ. 하나가 둘이 되고 둘이 셋 되고 셋이 넷 되고 넷이 다섯이 된다.

ㅁ. 백이 천이 되고 천이 만이 되고 만이 십만이 된다.

〈208〉 의존명사 '수', '일', '것', '이', '데', '바', '줄', '만큼' 등이
서술어 '있다', '없다', '필요하다', '어디', '아니다'… 앞에서 주어가
되면 조사 「이/가」를 취한다.

ㄱ. ⅰ. 수학적 이론과 실제는 다를 수가 있다.

　　ⅱ. 나는 이 일을 견뎌낼 수가 없다.

　　ⅲ. 나는 그를 믿을 수가 없다.

ㄴ. ⅰ. 요즈음은 일이 전혀 없다.

　　ⅱ. 나는 요즈음 할 일이 없다.

　　ⅲ. 이것은 그냥 넘길 일이 아니다.

ㄷ. ⅰ. 나에게 줄 것이 없나?

　　ⅱ. 나는 너에게 줄 것이 있다.

　　ⅲ. 나는 먹을 것이 필요하다.

ㄹ. ⅰ. 이것을 가질 이가 없나?

　　ⅱ. 그에게 이길 이가 있으면 어서 나오너라.

　　ⅲ. 이 책이 필요한 이가 있으면 가져가시오.

ㅁ. ⅰ. 철수가 일하는 데가 어디오?

ⅱ. 이곳에 일하는 데가 있소?

ⅲ. 이 가까이에 고기를 좀 살 데가 없소?

ㅂ. ⅰ. 나는 그 이야기를 들은 바가 전혀 없소?

ⅱ. 나는 그에 대하여 들은 바가 없소.

ⅲ. 이에 대하여 아는 바가 없소.

ㅅ. ⅰ. 내가 너를 배반할 줄이 있으랴.

ⅱ. 그에 대하여 모를 줄이 있겠느냐?

ㅇ. ⅰ. 돈이 얼마만큼이 필요하냐?

ⅱ. 한 백만 원만큼이 필요하다.

ㅈ. ⅰ. 나는 책, 연필, 지우개 등이 필요하다.

ⅱ. 영희, 명희, 순희 등이 철수의 편이다.

ⅲ. 일본, 독일, 이탈리아 등이 연합국의 적이었다.

〈209〉 수량단위 의존명사가 주어가 되고, 그 서술어가 '길다', '짧다', '필요하다', '있다', '얼마냐', '살아 있다', '좋으냐?', '우리~이다', '걸리다', '되다', '크다', '작다', '~이 잘 되다'… 등이면, 주격조사는 「이/가」가 온다.

(1) 길이를 나타내는 의존명사

ㄱ. 열 치가 한 자이다.

ㄴ. 한 자가 몇 치이냐?

ㄷ. 한 마기 몇 피트이냐?

ㄹ. 그 나무 둘레가 열 아름이 된다.

ㅁ. 이 물의 깊이는 몇 길이 될까?

ㅂ. 백리는 몇 마장이 되나?

ㅅ. 천이 한 자 가웃이 필요하다.

ㅇ. 이 새끼의 길이가 열 발이 넘는다.

ㅈ. 얻은 곡식이 한 바랑이 된다.

ㅊ. 부산에서 서울까지는 천 리가 넘는다.

(2) 돈을 나타내는 의존명사

ㄱ. 열 푼이 한 돈이다.

ㄴ. 한 돈이 열 푼이다.

ㄷ. 4킬로미터가 일 리가 된다.

ㄹ. 백 전이 일 원이다.

ㅁ. 열 냥이 한 돈이다.

ㅂ. 일 원이 백 전이다.

(3) 넓이를 나타내는 의존명사

ㄱ. 밭 백 평이 한 마지기이다.

ㄴ. 이 논은 하루갈이가 된다.

ㄷ. 이 밭뙈기가 상당히 넓구나.

ㄹ. 이 논배미가 곡식이 잘 된다.

ㅁ. 한 목이 일만 파이다.

ㅂ. 이 논이 한 되지기가 된다.

ㅅ. 논 한 마지기가 이백 평이다.

ㅇ. 이 논은 몇 섬지기가 될까?

ㅈ. 이 산은 백 정보가 넘는다.

ㅊ. 네 논은 모두 몇 필지가 되나?

ㅋ. 이 집은 네 간이 넘는다.

ㅌ. 이 집은 몇 칸이 되느냐?

ㅍ. 이 고랑과 저 고랑이 너무 높다.

ㅎ. 마른갈이나 밭에는 네 자락이 한 두둑이 된다.

ㄱ'. 이 치마는 폭이 너무 좁다.

(4) 시간, 날짜를 나타내는 의존명사

ㄱ. 육십 초가 일 분이다.

ㄴ. 육십 분이 한 시간이다.

ㄷ. 일각이 십오 분이다.

ㄹ. 스물네 시간이 하루가 된다.

ㅁ. 서른 날이 한 달이 된다.

ㅂ. 일주일이 몇 날이냐?

ㅅ. 열두 달이 일 년이다.

ㅇ. 삼 개월이 한 계절이다.

ㅈ. 한 해가 열두 달이다.

ㅊ. 일개 년이 몇 달이냐?

ㅋ. 벌써 한 돌이 되었느냐?

ㅌ. 네 돌이 언제냐?

ㅍ. 그 사건의 년대가 언제이더냐?

ㅎ. 일 세기가 백 년이다.

(5) 무게를 나타내는 의존명사

ㄱ. 열 푼이 한 돈이다.

ㄴ. 한 돈이 열 푼이다.

ㄷ. 한 양이 열 돈이다.

ㄹ. 한 근이 육백 그램이다.

ㅁ. 한 관이 몇 근이냐?

ㅂ. 일 킬로그램이 천 그램이다.

(6) 곡식의 양을 나타내는 의존명사

ㄱ. 열 작이 한 홉이다.

ㄴ. 열 홉이 한 되이다.

ㄷ. 열 되가 한 말이다.

ㄹ. 열 말이 한 섬이다.

ㅁ. 한 가마가 쌀 닷 말이다.

ㅂ. 쌀 한 섬이 열 말이다.

〈210〉 서술어가 되는 동사에 따라 문장의 주어에 조사 「이/가」가 쓰인다.

(1) 교육움직씨 '가르치다', '배우다', '교화하다', '지령하다', '훈령하다' 등이 서술어가 되면 주격조사는 「이/가」가 온다.

ㄱ. 선생이 학생에게 글을 가르친다.

ㄴ. 학생이 선생에게서 글을 배운다.

ㄷ. 나라가 백성을 교화한다.

ㄹ. 상관이 사병에게 어떤 행동을 할 것을 지령한다.

ㅁ. 장군이 하관에게 무엇을 훈령하였다.

ㅂ. 철수가 글이 잘못 된 데를 바로잡았다.

ㅅ. 선생이 틀린 데를 지적하였다.

(2) 노림동사 중 '노리다', '벼르다', 탈취동사 중 '약탈하다', '탈취하다', '훔치다', '빼앗다'…, 속박동사 중 '가두다', '구속하다', '구금하다', '체포하다', '잡다', '잡아가두다', '구박하다' 등이 문장의 서술어가 되면, 주어에는 조사 「이/가」가 온다.

ㄱ. 네가 나를 노리면 어떻게 할 참이냐?

ㄴ. 철수가 영희를 벼르면서 집으로 갔다.

ㄷ. 흑인들이 구호품을 약탈하였다.

ㄹ. 도둑이 먹거리를 탈취하여 갔다.

ㅁ. 소매치기가 남의 돈을 훔쳤다.

ㅂ. 깡패가 남의 돈을 빼앗았다.

ㅅ. 순경이 도둑을 간방에 가두었다.

ㅇ. 순경이 깡패를 구속하였다.

ㅈ. 깡패가 사람을 구금하였다.

ㅊ. 순경이 도둑을 체포하였다.

ㅋ. 철수가 고기를 많이 잡았다.

ㅌ. 순경이 도둑을 잡아가두었다.

ㅍ. 일제가 우리를 속박하였다.

(3) 승패동사 중 '이기다', '지다', '망하다'… 등을 비롯하여 감각동사 중 '느끼다', '보다', '맡다', '보이다'는 물론 이동동사 중 '이동하다'가 문장의 서술어가 되면 그 주어에는 조사 「이/가」가온다.

ㄱ. 그 경기에서 우리가 이겼다.

ㄴ. 지난번 경기에서 우리가 졌다.

ㄷ. 한일합방으로 우리나라가 망하였다.

ㄹ. 그이가 봄이 옴을 느낀 듯하다.

ㅁ. 내가 그를 보니까 건강한 듯하더라.

ㅂ. 우리가 그 일을 맡았다.

ㅅ. 여기서 바다가 보인다.

ㅇ. 군인이 저곳으로 이동하였다.

(4) 작위동사 중 '가탈거리다', '꿀꿀거리다', '꼬꼬댁거리다', '지저귀다', '장난하다', '살해하다', '죽이다', '사기치다', '파닥거리다'… 등이 문장의 서술어가 되면 그 주어의 조사는 「이/가」가 된다.

ㄱ. 말이 자꾸 가탈거린다.

ㄴ. 돼지가 꿀꿀거린다.

ㄷ. 닭이 꼬꼬댁거린다.

ㄹ. 개가 지저귄다.

ㅁ. 아이들이 장난하며 논다.

ㅂ. 강도가 사람을 살해하고 돈을 훔쳤다.

ㅅ. 개가 닭을 물어 죽였다.

ㅇ. 저 사람이 사기를 쳤다.

ㅈ. 묶어 놓은 닭이 매우 파닥거린다.

ㅊ. 새들이 재잘거린다.

ㅋ. 이 길은 우리가 애써서 닦았다.

ㅌ. 데모 현장에 경찰들이 출동하였다.

(5) 동작동사 '돌아가다', '달리다', '움직이다', '돌다', '흔들다', '깜박거리다', '흐르다', '요동하다', '빵빵거리다'… 등이 문장의 서술어가 되면 그 주어에는 조사 「이/가」가 온다.

ㄱ. 가계가 돌아간다.

ㄴ. 기차가 달린다.

ㄷ. 자동차가 움직인다.

ㄹ. 지구가 돈다.

ㅁ. 아이가 손을 흔든다.

ㅂ. 철수가 눈을 깜박거린다.

ㅅ. 물이 졸졸 흐른다.

ㅇ. 배가 요동한다.

ㅈ. 자동차가 빵빵거린다.

(6) 산출, 발생동사가 문장의 서술어가 되며 그 주어의 조사는 「이/가」가 온다.

ㄱ. 여기에서 금이 난다.

ㄴ. 맑은 샘물이 솟는다.

ㄷ. 이천에서는 좋은 쌀이 생산된다.

ㄹ. 우리나라에서는 우라늄이 산출된다.

ㅁ. 오늘 큰돈이 생겼다.

ㅂ. 야야, 일이 났다.

ㅅ. 밤에 유령이 나타났다.

ㅇ. 1941년에 세계 2차대전이 터졌다.

ㅈ. 여기 있던 돈이 없어졌다.

ㅊ. 중공에서는 사스가 발생하였다.

(7) 변화동사가 문장의 서술어가 되면 그 주어의 조사는 「이/가」가 온다.

ㄱ. 이것이 오그라들었다.

ㄴ. 바가지가 쪼그라들었다.

ㄷ. 이 그릇이 우그러들었다.

ㄹ. 그가 요즈음 몸이 약해졌다.

ㅁ. 요즈음 그는 힘이 강해졌다.

ㅂ. 그가 왜 못사느냐?

ㅅ. 그가 요즈음 무척 예뻐졌다.

ㅇ. 나는 그가 미워졌다.

ㅈ. 처녀가 아이를 뱄다.

ㅊ. 요즈음은 세상이 바뀌어서 젊은이 세상이 되었다.

ㅋ. 우리나라 인구가 아주 많아졌다.

ㅌ. 이번 겨울은 날씨가 매우 추워졌다.

(8) 끝남동사 중 '도착하다', '다다르다', '정지하다', '끝나다'… 등

을 비롯하여 상태동사 중 '까불거리다', '꺼드렁거리다', '타닥거리다', '들까불다', '깽깽거리다', '늦되다', '빛나다', '있다', '가물거리다', '흔들거리다', '비치다'… 등이 서술어가 되면 그 주어의 조사는 「이/가」가 온다.

ㄱ. 기차가 이미 도착하였다.

ㄴ. 설날이 눈앞에 다다랐다.

ㄷ. 차가 정지하였다.

ㄹ. 일이 벌써 끝났다.

ㅁ. 그가 요즈음 까불거린다.

ㅂ. 그가 잘도 꺼드렁거린다.

ㅅ. 고기가 타닥거린다.

ㅇ. 차가 들까분다.

ㅈ. 강아지가 깽깽거린다.

ㅊ. 이 아이가 늦된다.

ㅋ. 그의 공적이 빛난다.

ㅌ. 그에게는 돈이 많이 있다.

ㅍ. 사공의 뱃노래가 가물거린다.

ㅎ. 차가 흔들거린다.

ㄱ'. 햇빛이 비친다.

(9) 통합동사 중 '섞이다', '얽히고설키다' 및 고차동사 중 '교차하다', '마주치다', '부딪히다', '부딪치다', '충돌하다'는 물론, 자람동사 중 '자라나다', '자라다', '크다', '피다', '지다' 등이 문장의 서술어가 되면 그 주어의 조사는 「이/가」가 온다.

ㄱ. 콩에 돌이 섞이었다.

ㄴ. 일이 얽히고설키어서 골치가 아프다.

ㄷ. 기차가 이역에서 교차한다.

ㄹ. 그와 내가 이 네거리에서 마주쳤다.

ㅁ. 차가 여기에 부딪히었다.

ㅂ. 이 차와 저 차가 서로 부딪쳤다.

ㅅ. 이차대전 때, 미국과 일본이 서로 충돌하였다.

ㅇ. 이 나무가 잘 자라난다.

ㅈ. 곡식이 잘 자란다.

ㅊ. 그 아이는 키가 잘 큰다.

ㅋ. 벌써 꽃이 피었구나.

ㅌ. 가을에는 잎이 진다.

　(10) 해결동사 중 '풀려나다', '석방하다', '해독하다' 및 자연현상 동사 중 '얼다', '녹다', '흐르다', '차다', '이지러지다', '불다', '불어닥치다', '밝다', '세다', '지다' 등이 문장의 서술어가 되면 그 주어의 조사는 「이/가」가 온다.

ㄱ. 피의자가 풀려났다.

ㄴ. 순경이 피의자를 석방하였다.

ㄷ. 그가 이 글을 해독하였다.

ㄹ. 물이 얼었다.

ㅁ. 얼음이 녹았다.

ㅂ. 강물이 흐른다.

ㅅ. 방이 사람으로 가득 찼다.

ㅇ. 달이 이지러졌다.

ㅈ. 바람이 분다.

ㅊ. 태풍이 불어 닥친다.

ㅋ. 날이 밝는다.

ㅌ. 날이 샌다.

ㅍ. 달이 진다.

(11) 천기동사 '개이다', '흐리다', '비치다', '내리다', '그치다', '불다', '개다', '맑아지다', '추워지다', '흐려지다', '따뜻해지다' 등이 서술어가 되면 그 주어에는 조사 「이/가」가 온다.

ㄱ. 날씨가 개인다.

ㄴ. 날씨가 흐려진다.

ㄷ. 해가 비친다.

ㄹ. 눈이 내린다.

ㅁ. 비가 그쳤다.

ㅂ. 비가 온다.

ㅅ. 바람이 분다.

ㅇ. 날씨가 개인다.

ㅈ. 하늘이 맑아진다.

ㅊ. 날씨가 추워진다.

ㅋ. 날씨가 흐려진다.

ㅌ. 날씨가 따뜻해졌다.

〈211〉 다음 의존동사가 오는 문장에서는 주어에는 조사 「이/가」

가 온다.

(1) 가능의존동사 '지다', '되다'가 오는 문장에서는 그 주어에 조사 「이/가」가 온다.

ㄱ. 밥이 잘 먹어진다.
ㄴ. 그가 장관이 되게 되었다.

(2) 진행의존동사 '가다', '오다' 등이 오는 문장에서는 그 주어에는 조사 「이/가」가 온다.

ㄱ. 우리가 다 이겨간다.
ㄴ. 적이 쳐들어온다.
ㄷ. 철수가 일이 다 되어간다.

(3) 완료의존동사 '내다', '버리다' 등이 오는 문장에는 그 주격조사로서 「이/가」가 온다.

ㄱ. 그 시합에서 우리가 이겨냈다.
ㄴ. 철수가 이것을 먹어버렸다.

(4) 봉사의존동사 '주다', '드리다', '바치다', '달다' 등이 문장의 의존서술어로 쓰이면 그 주어에는 조사 「이/가」가 쓰인다.

ㄱ. ⅰ. 미국이 우리나라를 도와주었다.

ⅱ. 개가 주인을 도와 집으로 인도하여 주었다.

ⅲ. 이 약이 그를 살려주었다.

ㄴ. ⅰ. 학생이 선생님을 도와드린다.

ⅱ. 오직 철수가 저 어른을 도와드린다.

ㄷ. ⅰ. 그가 우리들의 비밀을 선생님께 다 외어 바쳤다.

ⅱ. 철수가 이 사실을 선생님께 일러바쳤다.

ㄹ. ⅰ. 철수야 네가 나를 도와다오.

ⅱ. 언니가 편지를 좀 써 다오.

(5) 시행의존동사 '보다'가 오는 문장에서는 그 주어의 조사는 「이/가」가 쓰인다.

ㄱ. 그 일을 내가 해 보겠다.

ㄴ. 내가 그것을 먹어보겠다.

(6) 감시의존동사 '쌓다', '대다', '제끼다', '재끼다', '제치다', '재치다', '치우다', '떨어지다', '빠지다', '터지다', '죽다', '못살다' 등이 오는 문장에서는 그 주어에 조사 「이/가」가 온다.

ㄱ. 아이들이 싸워 쌓는다.

ㄴ. 아이들이 밥을 먹어 댄다.

ㄷ. 그가 이 나무를 밀어 제낀다.

ㄹ. 그가 이 나무를 밀어 재낀다.

ㅁ. 아이가 밥을 먹어 제친다.

ㅂ. 아이가 밥을 먹어 재친다.

ㅅ. 내가 이 일을 해치웠다.

ㅇ. 그가 피곤하여 골아 떨어졌다.

ㅈ. 이 밥이 쉬어 빠졌다.

ㅊ. 이 술이 쉬어 터졌다.

ㅋ. 그가 좋아 죽는다.

ㅌ. 그가 좋아서 죽고 못산다.

(7) 당연의존동사 '하다'가 오는 문장에서는 조사 「이/가」가 쓰인다.

ㄱ. ⅰ. 이 일은 네가 해야 한다.

ⅱ. 그가 빨리 와야 하는데.

(8) 시인의존동사 '하다'가 오는 문장에서는 주격조사는 「이/가」가 온다.

ㄱ. ⅰ. 소가 걷기는 하나 병이 난 것 같다.

ⅱ. 꽃이 피기는 하나 아름답지 못하다.

ⅲ. 비가 오기는 하나 아직 부족하다.

(9) 가식의존동사 '척하다', '체하다', '양하다' 등이 오는 문장에서는 그 주격조사는 「이/가」가 온다.

ㄱ. 개가 밥을 먹는 척하고 있다.

ㄴ. 철수가 공부를 하는 체하더니 낮잠을 자고 있다.

ㄷ. 그가 공부를 하는 양하더니 놀고 있다.

ㄹ. 그가 일을 하는 듯하더니 어디를 가고 없다.

(10) 가능의존동사 '뻔하다'가 문장의 서술어가 될 때 그 문장의 주어에는 조사 「이/가」가 온다.

ㄱ. 개가 차에 치일 뻔하였다.
ㄴ. 비가 너무 와서 홍수가 날 뻔하였다.
ㄷ. 차가 낭떠러지에서 떨어질 뻔하였다.

(11) 두기의존동사 '두다', '놓다', '가지다' 등이 문장의 서술어가 되면 그 주어에는 조사 「이/가」가 온다.

ㄱ. 그가 책을 여기에다 놓아두었다.
ㄴ. 개가 책을 물어다가 여기에 갖다 놓았다.
ㄷ. 내가 그에게서 돈을 받아가졌다.

(12) 희망의존동사 '싶어하다'가 서술어가 되면 그 문장의 주어에는 조사 「이/가」가 쓰인다.

ㄱ. 그 개가 달아나고 싶어한다.
ㄴ. 소가 풀을 먹고 싶어한다.
ㄷ. 그가 술을 마시고 싶어한다.
ㄹ. 저이가 돈을 많이 벌고 싶어한다.
ㅁ. 그가 자고 싶어한다.

(13) 이행의존동사 '먹다'가 문장의 서술어가 되면 그 주어에는 조사 「이/가」가 온다.

　　ㄱ. 그가 이 논을 팔아먹었다.
　　ㄴ. 그가 전 재산을 털어먹었다.
　　ㄷ. 사기꾼이 그에게서 사기를 쳐먹었다.
　　ㄹ. 철수가 그 아이를 속여먹었다.
　　ㅁ. 아이들이 거지를 놀려먹었다.

(14) 양상의존동사 '있다'가 문장의 의존서술어가 될 때 그 주어에는 조사 「이/가」가 온다.

　　ㄱ. 삼각산이 우뚝 솟아 있다.
　　ㄴ. 시냇물이 흐르고 있다.
　　ㄷ. 감이 붉어 있다.
　　ㄹ. 불이 켜 있다.
　　ㅁ. 가을 하늘이 맑아 있다.

(15) 수행의존동사 '말다'가 문장의 의존서술어가 될 때 그 문장의 주어에는 조사 「이/가」가 온다.

　　ㄱ. 그가 이 일을 꼭 해내고야 말겠다.
　　ㄴ. 날씨를 보니 비가 오고야 말겠다.
　　ㄷ. 하는 짓을 보니 네가 울고야 말겠구나.
　　ㄹ. 네가 꼭 이기고야 말겠니?

ㅁ. 그가 이 일을 기어이 하고 말았다.

(16) 반복의존동사 '하다'가 문장의 의존서술어가 될 때 그 주어에는 조사 「이/가」가 온다.

ㄱ. 석양에 갈매기가 오락가락 한다.
ㄴ. 잠이 올락말락 한다.
ㄷ. 그가 자꾸 들락날락 한다.
ㄹ. 그가 올락말락 하는구나.
ㅁ. 비가 올락말락 하는구나.

(17) 의도의존동사 '하다'가 문장의 서술어가 될 때 그 문장의 주어에는 조사 「이/가」가 온다.

ㄱ. 그가 이 일을 할까 말까 하더라.
ㄴ. 철수가 서울을 가 볼까 하더라.
ㄷ. 그가 술을 마셔 볼까 하더라.
ㄹ. 그가 이 일을 하고자 하더라.
ㅁ. 배가 막 떠나고자 하더라.

지금까지 다루어 온 동사와 의존동사의 경우 이들 동사와 의존동사가 문장의 서술어가 되면 그 주어에는 반드시 조사 「이/가」가 오는 것이 아니고 문장의 짜임새에 따라 「이/가」가 오는 수도 있고 지정보조조사 「은/는」이 오는 수도 있는데, 동사와 의존동사에 따라서는 반드시 「이/가」가 쓰이는 일이 있는데, 위에서 든 이와 같은 예를 일일이 참고하기 바란다.

〈211〉 다음에 드는 형용사가 문장의 서술어가 되면 그 문장의 주어에는 조사 「이/가」가 온다.

[1] 감각형용사

(1) 감각형용사 중 시각형용사 '희다', '검다', '푸르다', '누르다', '붉다', '거무스레하다', '검붉다', '누르스레하다', '불그레하다', '새빨갛다', '파랗다' 등이 문장의 서술어가 되면 그 문장에는 조사 「이/가」가 온다.

ㄱ. 오이 희구나.

ㄴ. 네 옷이 너무 검다.

ㄷ. 산이 푸르다.

ㄹ. 이 종이가 누르다.

ㅁ. 네 얼굴이 붉다.

ㅂ. 그는 피부가 거무스레하다.

ㅅ. 그의 얼굴빛이 검붉다.

ㅇ. 소털이 누르스레하다.

ㅈ. 저녁노을이 불그레하다.

ㅊ. 이 꽃잎이 새빨갛다.

ㅋ. 가을 하늘이 파랗다.

(2) 감각형용사 중 미각형용사 '달다', '쓰다', '시다', '고소하다',

'떫다', '짜다', '맵다', '덤덤하다', '새곰하다', '달짝지근하다' 등이 문장의 서술어가 되면 그 주격조사는 「이/가」가 온다.

ㄱ. 엿 맛이 달다.

ㄴ. 소태가 쓰구나.

ㄷ. 식초가 시다.

ㄹ. 잣 맛아 고소하다.

ㅁ. 풋감 맛이 떫다.

ㅂ. 소금 맛이 짜다.

ㅅ. 고추가 맵다.

ㅇ. 국 맛이 덤덤하다.

ㅈ. 김치 맛이 새곰하다.

ㅊ. 동치미 국 맛이 달짝지근하다.

(3) 감각형용사 중 청각형용사 '시끄럽다', '고요하다', '조용하다', '왁자지껄하다', '소란하다', '떠들썩하다', '높다', '낮다', '길다', '짧다' 등이 문장의 서술어가 되면 그 주어에는 조사 「이/가」가 온다.

ㄱ. 방 안이 시끄럽다.

ㄴ. 밤에는 세상이 고요하다.

ㄷ. 어찌 방이 조용하냐?

ㄹ. 방 안이 왁짝지근하다.

ㅁ. 왜 교실 안이 소란하냐?

ㅂ. 왜 아이들이 떠들썩하냐?

ㅅ. 산이 높다.

ㅇ. 시렁이 너무 낮다.

ㅈ. 이 자가 너무 길다.

ㅊ. 네 팔이 너무 짧다.

(4) 감각형용사 중 후각형용사 '지리다', '비리다', '넵다', '쌔하다', '매캐하다', '구리다' 등이 문장의 서술어가 되면 그 문장의 주어에는 조사 「이/가」가 온다.

ㄱ. 소변이 지리다.

ㄴ. 이 생선이 비리다.

ㄷ. 연기가 넵다.

ㄹ. 연기가 쌔하다.

ㅁ. 연기가 매캐하다.

ㅂ. 방귀 냄새가 구리다.

(5) 감각형용사 중 촉각형용사 '미끄럽다', '맨지럽다', '까끄럽다', '거칠다', '날카롭다', '둔하다', '무디다', '단단하다', '연하다', '말랑말랑하다', '굳다', '무르다', '무겁다', '딴딴하다' 등이 서술어가 될 때는 물론, 온도를 나타내는 촉각형용사 '따뜻하다', '따스하다', '차다', '덥다', '춥다', '시원하다', '선선하다', '미지근하다', '따끈따끈하다', '쌀쌀하다', '서늘하다', '싸늘하다' 등이 문장의 서술어가 되면 그 주어의 조사는 「이/가」가 온다.

ㄱ. 여기가 미끄럽다.

ㄴ. 여기가 맨지럽다.

ㄷ. 보리가 까끄럽다.

ㄹ. 그는 성질이 거칠다.

ㅁ. 이 칼이 날카롭다.

ㅂ. 그는 머리가 둔하다.

ㅅ. 이 칼이 무디다.

ㅇ. 그는 마음이 단단하다.

ㅈ. 이 열무가 연하다.

ㅊ. 이 감이 말랑말랑하다.

ㅋ. 마음이 굳은 사람은 성공한다.

ㅌ. 이 죽이 너무 무르다.

ㅍ. 이 짐이 무겁다.

ㅎ. 이 땅이 너무 딴딴하다.

ㄱ'. 이 방이 따뜻하다.

ㄴ'. 방이 따스하구나.

ㄷ'. 방이 차구나.

ㄹ'. 날씨가 덥다.

ㅁ'. 금년 겨울이 춥다.

ㅂ'. 여기가 시원하다.

ㅅ'. 바람이 선선하다.

ㅇ'. 국이 미지근하다.

ㅈ'. 국물이 따끈따끈하다.

ㅊ'. 날씨가 쌀쌀하다.

ㅋ'. 가을 날씨가 서늘하다.

ㅌ'. 겨울 날씨가 싸늘하다.

(6) 감각형용사 중 평형형용사 '어지럽다', '어지리하다', '어질어질하다' 등이 문장의 서술어가 되면 그 주어에는 조사 「이/가」가 온다.

　　ㄱ. 방이 어지럽구나.
　　ㄴ. 내가 어지리하다.
　　ㄷ. 내가 어질어질하다.

(7) 감각형용사 중 유기감각형용사 '답답하다', '아니꼽다', '뻐근하다', '마렵다', '고프다', '부르다', '식상하다' 등이 문장의 서술어가 되면 그 주어의 조사는 「이/가」가 온다.

　　ㄱ. 마음이 답답하다.
　　ㄴ. 그가 아니꼽다.
　　ㄷ. 팔이 뻐근하다.
　　ㄹ. 소변이 마렵다.
　　ㅁ. 배가 고프다.
　　ㅂ. 배가 부르다.
　　ㅅ. 내가 식상하다.

(8) 감각형용사 중 시공감각형용사의 시간을 나타내는 '빠르다', '더디다', '지루하다', '급하다', '눅다', '이르다', '늦다'와 거리를 나타내는 '멀다', '가깝다'와 물형을 나타내는 '크다', '작다', '길다', '짧다', '좁다', '둥글다', '모나다', '바르다', '비뚜름하다', '곧다', '곱다' 및 상하를 나타내는 '높다', '낮다', '깊다', '얕다', '뾰족하다', '옴축

하다' 등이 문장의 서술어가 되면 그 문장의 주어에는 조사 「이/가」가 온다.

ㄱ. 시간이 너무도 빠르다.

ㄴ. 그가 왜 더디나?

ㄷ. 시간이 너무 지루하다.

ㄹ. 한시가 급하다.

ㅁ. 그가 마음이 눅다.

ㅂ. 시간이 너무 이르다.

ㅅ. 시간이 너무 늦다.

ㅇ. 서울이 여기서 너무 멀다.

ㅈ. 여기서 부산이 가깝다.

ㅊ. 이것이 너무 크다.

ㅋ. 그는 키가 작다.

ㅌ. 이 근이 너무 길다.

ㅍ. 길이가 너무 짧다.

ㅎ. 방이 좁다.

ㄱ'. 지구가 둥글다.

ㄴ'. 그가 모나다.

ㄷ'. 그가 마음이 바르다.

ㄹ'. 그가 마음이 비뚤름하다.

ㅁ'. 그가 마음이 곧다.

ㅂ'. 그가 마음이 곱다.

ㅅ'. 산이 높다.

ㅇ'. 지위가 낮다.

ㅈ'. 물이 깊다.

ㅊ'. 물이 얕다.

ㅋ'.산이 뾰족하다.

ㅌ'. 이곳이 옴축하다.

[2] 정의적 형용사

‘시들하다’, ‘안타깝다’, ‘시들시들하다’ 등이 서술어가 되면 그 주어에는 조사 「이/가」가 온다.

ㄱ. 이 꽃이 시들하다.

ㄴ. 그 일이 몹시 안타까워 죽겠다.

ㄷ. 이 나무가 몹시 시들시들하다.

위에 예로 든 이외의 정의적 형용사는 대체적으로 그 주어에 조사 「은/는」을 취한다.

[3] 평가형용사

평가형용사 중 ‘든든하다’, ‘튼튼하다’, ‘여리다’, ‘약하다’, ‘굳다’, ‘굳세다’, ‘삭삭하다’, ‘비싸다’, ‘싸다’, ‘못나다’, ‘헐하다’, ‘눅다’, ‘옳다’, ‘그르다’, ‘험하다’, ‘가파르다’, ‘어렵다’, ‘쉽다’, ‘까다롭다’, ‘강하다’, ‘약하다’, ‘말랑말랑하다’, ‘물렁물렁하다’, ‘땐땐하다’, ‘딴딴하다’, ‘녹진녹진하다’, ‘재다’, ‘재빠르다’ 등이 서술어가 되면 그 주어에는 조사 「이/가」가 온다.

ㄱ. 나는 마음이 든든하다.

ㄴ. 그는 몸이 튼튼하다.

ㄷ. 그는 마음이 여리다.

ㄹ. 그는 몸이 약하다.

ㅁ. 그는 마음이 굳다.

ㅂ. 그는 마음이 굳세다.

ㅅ. 그는 성격이 삭삭하다.

ㅇ. 무 값이 싸더라.

ㅈ. 배추 값이 싸더라.

ㅊ. 그는 얼굴이 못났다.

ㅋ. 오늘은 배추 값이 헐하더라.

ㅌ. 그는 마음이 눅다.

ㅍ. 네 말이 옳다.

ㅎ. 네가 그르다.

ㄱ'. 이 길이 험하구나.

ㄴ'. 이 산길이 가파르다.

ㄷ'. 이 문제가 어렵다.

ㄹ'. 이 일은 하기가 쉽다.

ㅁ'. 그는 성격이 까다롭다.

ㅂ'. 그는 의지가 강하다.

ㅅ'. 그는 몸이 약하다.

ㅇ'. 이 호박이 말랑말랑하다.

ㅈ'. 이 무가 물렁물렁하다.

ㅊ'. 이 감이 땐땐하다.

ㅋ'. 이곳 땅이 딴딴하다.

ㅌ'. 이 떡이 녹진녹진하다.

ㅍ'. 그가 민첩하다.

ㅎ'. 이 차가 느리다.

ㄱ". 그가 손이 재다.

ㄴ". 그가 매우 재빠르다.

[4] 신구형용사

신구형용사 중 '새롭다', '낡다', '헐다', '싱싱하다', '팔팔하다', '신선하다' 등이 문장의 서술어가 되면 그 주어의 조사는 「이/가」가 온다.

ㄱ. 그 옛날이 새롭구나.

ㄴ. 이것이 낡았다.

ㄷ. 이것이 헐었구나.

ㄹ. 이 채소가 싱싱하다.

ㅁ. 간 쳐 놓은 배추가 팔팔하다.

ㅂ. 아침 공기가 신선하다.

[5] 비교형용사

비교형용사 중 '같다', '다르다', '비슷하다', '유사하다', '판이하다', '낫다', '못하다', '우수하다', '뛰어나다', '우월하다', '수월하다' 등이 문장의 서술어가 되면 그 주격조사는 「이/가」가 온다.

ㄱ. 이것이 저것과 같다.

ㄴ. 무엇이 이것과 다르냐?

ㄷ. 저것과 이것이 비슷하다.

ㄹ. 이것이 저것과 유사하다.

ㅁ. 그것과 이것이 판이하다.

ㅂ. 이것이 그것보다 낫다.

ㅅ. 이것이 그것보다 못하다.

ㅇ. 우리 반에서 그가 제일 우수하다.

ㅈ. 그가 철이보다 수학에서 뛰어나다.

ㅊ. 그 반이 우리 반보다 우월하다.

ㅋ. 이 일이 그 일보다 훨씬 수월하다.

[6] 수량형용사

수량형용사 중 '셈'을 나타내는 형용사 '많다', '적다', '막대하다'와 '숱'을 나타내는 형용사 '작다', '크다', '많다', '풍부하다', '풍성하다', '두텁다', '얇다' 및 '넓이'를 나타내는 형용사 '광활하다', '넓다', '좁다', '망망하다', '너르다' 등이 문장의 서술어가 되면 그 주격조사는 「이/가」가 온다.

ㄱ. 돈이 많이 있구나.

ㄴ. 그는 돈이 적다.

ㄴ. 그는 재산이 막대하다.

ㄹ. 키가 너무 작다.

ㅁ. 나무가 너무 크다.

ㅂ. 여기에 사과가 많다.

ㅅ. 금년은 곡식이 풍부하다.

ㅇ. 금년은 풍년이 들어 모든 것이 풍성하다.

ㅈ. 이 책이 두텁다.

ㅊ. 이 책이 얇다.

ㅋ. 이 들이 광활하다.

ㅌ. 우리 학교 운동장이 굉장히 넓다.

ㅍ. 이 길이 좁다.

ㅎ. 바다가 망망하다.

ㄱ'. 이 운동장이 매우 너르다.

[7] 지시형용사

지시형용사 중 '이러하다', '그러하다', '저러하다', '어떠하다' 등
이 문장의 서술어가 되면 그 주격조사는 「이/가」가 온다.

ㄱ. 그가 이렇게도 못났더냐?

ㄴ. 세상 일이 다 그렇다.

ㄷ. 저 사람이 또 저렇다.

ㄹ. 그가 어떻게 살더냐?

《212》 다음에 드는 의존형용사가 문장의 서술어가 되면 그 주어
에는 조사 「이/가」가 온다.

(1) 희망의존형용사 '싶다', '지다'가 의존서술어가 되면 그 주어

에는 조사 「이/가」가 온다.

　　ㄱ. ⅰ. 나는 밥이 먹고 싶다.
　　　　ⅱ. 철수는 영희가 보고 싶다고 하더라.
　　ㄴ. ⅰ. 보고 지고 보고 지고 이도령이 보고 지고.
　　　　ⅱ. 제발 집안이 천자 억손으로 벌어져라.

　(2) 부정의존형용사 '아니하다', '못하다'가 의존서술어가 되면 그 주어에는 조사 「이/가」가 온다.

　　ㄱ. ⅰ. 오늘은 하늘이 맑지 아니하다.
　　　　ⅱ. 날씨가 따뜻하지 아니하다.
　　ㄴ. ⅰ. 하늘이 맑지 못하다.
　　　　ⅱ. 이 반이 조용하지 못하다.

　(3) 시인의존형용사 '하다'가 의존서술어가 도면 그 주어에는 조사 「이/가」가 온다.

　　ㄱ. 그는 키가 크기는 하다.
　　ㄴ. 이것이 보석이기는 하다.
　　ㄷ. 어린이가 유순하기는 하다.
　　ㄹ. 그것이 좋은 약이기는 하다.
　　ㅁ. 사이다 맛이 물맛보다 낫기는 하다.

　(4) 미룸의존형용사 '싶다', '보다', '듯하다', '듯싶다', '법하다' 등

이 얼의 의존서술어가 되면 그 주격조사에는 「이/가」가 온다.

ㄱ. i. 이것이 저것보다 나은가 싶다.

  ii. 이것이 보물인가 싶다.

ㄴ. i. 내가 나보다 일을 잘 하는가 보다.

  ii. 이것이 아름다운가 보다.

ㄷ. i. 내가 이번에 미국에 갈 듯하다.

  ii. 이 고기가 맛이 있을 듯하다.

ㄹ. i. 네가 이길 듯싶다.

  ii. 비가 올 듯싶다.

ㅁ. i. 내가 이길 법하다.

  ii. 네가 승진할 법하다.

  iii. 홍수가 날 법하다.

(5) 가치의존형용사 '만하다', '직하다' 등이 서술어가 되면 그 주어에는 조사 「이/가」가 온다.

ㄱ. i. 우리가 이 일을 할 만하다.

  ii. 나라가 아름다울 만하다.

ㄴ. i. 대통령이 됨직하다.

  ii. 이 밥이 먹음직하다

  iii. 이 영화가 봄직한데.

〈213〉 택일적인 주어에는 조사 「이/가」가 온다.

ㄱ. 팔촌인가 십촌이 넘으면 괜찮은 모양이더라.

ㄴ. 그는 나에게 육촌인가 오촌이 된다.

ㄷ. 책인가 무언가가 없어졌다.

ㄹ. 이것이 밥인가 떡인가가 의문이다.

ㅁ. 여기가 서울인가 부산인가가 알고 싶다.

〈214〉 지적하여 가리킬 때에는 조사 「이/가」가 온다.

ㄱ. 이것이 연필이요 저것이 공책이다.

ㄴ. 여기가 서울이요 저기가 인천이다.

ㄷ. 이것이 파프리카이고 저것이 고추이다.

ㄹ. 이것이 말이고 저것이 사슴이다.

ㅁ. 네가 학생이고 내가 선생이다.

〈215〉 선택의문문의 주어에는 조사 「이/가」가 오고 그 답문장에도 조사 「이/가」가 온다.

ㄱ. ⅰ. 비가 오나 눈이 오나?

　　ⅱ. 눈이 온다

ㄴ. ⅰ. 철수가 오나 누구가 오노?

　　ⅱ. 영희가 온다.

ㄷ. ⅰ. 날씨가 좋으냐? 흐리냐?

　　ⅱ. 날씨가 좋다.

ㄹ. ⅰ. 어미개가 짖느냐? 새끼개가 짖느냐?

　　ⅱ. 새끼개가 짖는다.

ㅁ. ⅰ. 금년이 풍년이냐? 흉년이냐?

ⅱ. 금년이 풍년이다.

〈216〉 'A하고 B가/이'의 형식의 문장에서는 뒤 주어 B에는 조사 「이/가」가 온다.

ㄱ. 여자 팔자하고 남자 팔자가 같으냐?

ㄴ. 너하고 내가 성질이 같니?

ㄷ. 철수하고 네가 어디가 다르냐?

ㄹ. 만년필하고 볼펜이 같니?

ㅁ. 육식대하고 칠십대가 건강이 같으니?

〈217〉 'A나 B이/가'의 형식의 문장에서는 뒤의 'B'에는 언제나 조사 「이/가」가 온다.

ㄱ. 여러분들의 아버지나 어머니가 만일 여러분들께 이웃집에 가서 무엇을 훔쳐오라고 한다면 그 말대로 따르겠습니까?

ㄴ. 철수나 영희가 오서 이것을 가져가거라.

ㄷ. 비나 눈이 오면 어떻게 하나?

ㄹ. 순경이나 헌병이 오면 겁이 난다.

ㅁ. 영희나 영미가 오면 참 좋겠다.

〈218〉 'A과/와 ~B가/이'의 형식의 문장에서는 'B'에는 조사 「이/가」가 온다.

ㄱ. 나와 철수가 함께 갔다.

ㄴ. 사회는 맹수와 독충이 우글거리는 무서운 곳이다.

ㄷ. 물속에서 자라와 물고기가 떠올라 와 다리를 놓아 주어….

ㄹ. 정문 주위에는 아이스크림 장수와 사이다를 파는 사람들이 손님을 부르고 있었다.

ㅁ. 이것은 탄도체와 제일지표가 둘 다 물건인 정적인 관계를 식별한다.

ㅂ. 지금도 다음 세상에서도 나와 부부가 되고 싶은 생각을 가지고 있느냐고 물었다.

ㅅ. 안방과 건넌방이 있는 일자집이었다.

〈219〉 'A하고 B하고 C이/가'의 형식으로 된 문장에서는 'C'에는 언제나 조사 「이/가」가 온다.

ㄱ. 어째서 남자하고 여자하고 생김새가 다른 걸까?

ㄴ. 어째서 너하고 철수하고 내가 비슷할까?

ㄷ. 어제 너하고 철수하고 영희가 같이 가더라.

ㄹ. 고양이하고 닭하고 강아지가 같이 논다.

ㅁ. 철수하고 영희하고 명희가 같이 이야기하고 논다.

〈220〉 받침이 있는 날짜에는 주격조사 「이」가 온다.

ㄱ. 오늘이 이번 여행의 마지막 날이다.

ㄴ. 내일이 영희의 생일이다.

ㄷ. 이십이일이 영미의 입학일이다.

ㄹ. 일울 일일이 설날이다.

ㅁ. 십이월 이십오일이 성탄절이다.

〈221〉 '모두'가 주어가 되면 주격조사 「가」가 온다.

ㄱ. 귀에 익은 것들이 많이 있는데 모두가 인지상정에 대한 교훈을
담고 있다.

ㄴ. 우리 모두가 소중한 학생들이다.

ㄷ. 우리 모두가 한 동포이다.

ㄹ. 이 세상 모두가 나의 것이다.

ㅁ. 입시문제 모두가 쉬운 문제였다.

3. 다른 조사와 「이/가」와의 복합조사

〈1〉「이」를 뒤에 붙이는 조사에는 「뿐, 만, 씩, 이랑」 등이 있다.

「뿐이」

ㄱ. 네가 가지고 있는 것이 이것뿐이 아니고 더 많이 있을 것이다.

ㄴ. 내가 아는 것은 이것뿐이 아니다.

ㄷ. 네가 아는 것이 이것뿐이 아닐텐데.

ㄹ. 이것뿐이 내가 아는 모두이다.

ㅁ. 그의 재산은 이것뿐이 아니고 숨겨 놓은 것이 더 있다.

「뿐이」는 대체적으로 '아니다' 앞에서 쓰이고 그 이외의 경우에는

잘 쓰이지 아니하는 것 같다.

「만이」

ㄱ. 너만이 나의 사정을 알아주는구나.

ㄴ. 철수만이 이해심이 많다.

ㄷ. 우리만이 잘 사는구나.

ㄹ. 세계에서 우리나라만이 가장 아름답다.

ㅁ. 그이만이 돈이 제일 많다.

「씩이」

ㄱ. 꽃잎이 하나씩이 떨어진다.

ㄴ. 나뭇잎이 하나씩이 떨어진다.

ㄷ. 아이들이 셋씩이 몰려온다.

ㄹ. 사람들이 둘씩이 모여 온다.

ㅁ. 사람들이 다섯씩이 모여 앉아 있다.

「씩이」는 주로 셈씨 다음에만 쓰이는 것 같다.

「이랑이」

ㄱ. 개랑 소랑이 모여 온다.

ㄴ. 어른이랑 아이들이랑이 모여 논다.

ㄷ. 너랑 나랑이 친구이지.

ㄹ. 그랑 너랑이 참으로 다정하지?

ㅁ. 철수랑 너랑이 참으로 다정하게 지내지.

〈2〉 보조조사 '마다', '까지', '마저', '조차', '서', '대로', '부터', '~
부터 ~까지'와 연결조사 '하고', '와', '이며', '하며'는 그 뒤에 주격
조사 「가」를 붙이어 복합조사가 된다.

「마다가」

ㄱ. 사람마다가 너를 좋아한다.

ㄴ. 사람마다가 그를 싫어한다.

ㄷ. 학생마다가 손에 태극기를 들고 있다.

ㄹ. 그는 하는 일마다가 잘 된다.

ㅁ. 어린이마다가 어머니의 손을 잡고 유치원에 온다.

「까지가」

ㄱ. 여기까지가 우리 땅이다.

ㄴ. 여기서 서울까지가 천리이다.

ㄷ. 너까지가 나를 싫어하느냐?

ㄹ. 이것까지가 나를 깔보네.

ㅁ. 철수까지가 영희를 사랑하네.

「마저가」

ㄱ. 이것마저가 내 말을 듣지 아니하네.

ㄴ. 너마저가 그를 싫어하면 아니 되네.

ㄷ. 그이마저가 철수를 사랑한다고?

ㄹ. 영희마저가 철수를 좋아한다고?

ㅁ. 너마저가 나를 울려 주느냐?

「조차가」

ㄱ. 그이조차가 나를 좋아한다고.

ㄴ. 이것조차가 너를 따르지 아니한다고?

ㄷ. 배조차가 고장이 났어요.

ㄹ. 그의 이름조차가 기억이 나야지.

ㅁ. 만년필조차가 물이 나오지 아니하였다.

「서가」

ㄱ. 혼자서가 아니고 둘이서 그 일을 저질렀대요.

ㄴ. 둘이서가 아니고 셋이서 다투었대요.

ㄷ. 셋이서가 이니고 넷이서 일을 하였대요.

ㄹ. 이 좁은 방에서 다섯이서가 어떻게 잠을 자겠느냐?

ㅁ. 혼자서가 일이 되느냐?

「서가」는 수를 나타내는 말에만 쓰이는 것 같다.

「대로가」

ㄱ. 네 뜻대로가 일이 잘 되느냐?

ㄴ. 이대로가 좋다.

ㄷ. 나는 이대로가 좋다.

ㄹ. 보니까 이대로가 괜찮다.

ㅁ. 장소는 이대로가 좋겠다.

「부터가」

ㄱ. 여기부터가 서울이다.

ㄴ. 너부터가 잘 하여라.

ㄷ. 나부터가 솔선수범하여야지.

ㄹ. 이것부터가 잘못 되었다.

ㅁ. 이 글자부터가 틀렸다.

「~부터 ~까지가」

ㄱ. 저기서부터 여기까지가 우리 땅이다.

ㄴ. 지금부터 모래까지가 휴일이다.

ㄷ. 여기부터 저기까지가 너희 땅이다.

ㄹ. 언제부터 이십이일까지가 방학이냐?

ㅁ. 내일부터 이십이일까지가 방학이다.

「하고가」

ㄱ. 너하고 나하고가 친구이다.

ㄴ. 떡하고 밥하고가 맛이 있다.

ㄷ. 너하고 나하고가 열심히 일한다.

ㄹ. 철수하고 영희하고가 부부이다.

ㅁ. 영미하고 영희하고가 사돈이다.

「와가」

ㄱ. 너와 나와가 친구이다.

ㄴ. 그와 영미와가 원수이다.

ㄷ. 그와 철수와가 한 짝이다.

ㄹ. 그와 나와가 친구이다.

ㅁ. 영희와 철수와가 무엇을 계획하고 있다.

「이며가」

ㄱ. 떡이며 밥이며가 맛이 있다.

ㄴ. 술이며 안주며가 없는 게 없다.

ㄷ. 놀음이며 술이며가 그리도 좋으냐?

ㄹ. 보석임 돈이며가 그리도 좋다.

ㅁ. 영숙이며 정순이며가 그리도 좋으냐?

「하며가」

ㄱ. 떡하며 술하며가 그리도 좋으냐?

ㄴ. 영희하며 영미하며가 그리도 마음에 드느냐?

ㄷ. 떡하며 밥하며가 그리도 맛이 있다.

ㄹ. 무엇하며 무엇하며가 마음에 드느냐?

ㅁ. 누구하며 누구하며가 싸웠느냐?

《3》 격조사 '에서', '으로', '과', '보다', '하고', '에게', '한테', '으로써'가 그 뒤에 주격조사 「가」를 취하여 복합조사가 된다.

「에서가」

ㄱ. 그 일이 일어난 것은 학교에서가 아니고 집에서였다.

ㄴ. 그가 간 것은 집에서가 아니고 시장에서였다.

ㄷ. 그가 공부한 곳은 학교에서가 아니고 도서관에서였다.

위의 예에서 보는 바와 같이 「에서가」는 주로 '아니다' 앞에서만 쓰임을 알 수 있다.

「으로가」

　ㄱ. 그가 간 곳은 서으로가 아니고 동으로였다.

　ㄴ. 철수가 간 곳은 집으로가 아니고 서울이었다.

　ㄷ. 그가 온 곳은 집으로가 아니고 학교였다.

「으로가」도 「에서가」와 같이 주로 '아니다' 앞에서만 쓰임을 알 수 있다.

「으로서가」

　ㄱ. 그는 학생으로서가 아니고 일반인의 자격으로 참가했다.

　ㄴ. 그는 국회의원으로서가 아니고 시민으로서 여기에 왔다.

　ㄷ. 철수는 학생으로서가 아니고 일반인으로서 여기에 왔다.

「으로서가」도 「에서가」나 「으로가」와 같이 '아니다' 앞에서만 쓰임을 알 수 있다.

「와가/과가」

　ㄱ. 너와 나와가 같다.

　ㄴ. 이것과 저것과가 같다.

　ㄷ. 거위와 오리와가 같다.

　ㄹ. 늑대와 개와가 같다.

　ㅁ. 너와 나와가 키가 같다.

「와가/과가」는 형용사 '같다' 앞에서만 쓰임을 알 수 있다.

「보다가」

ㄱ. 그것보다가 이것이 낫다.

ㄴ. 죽보다가 밥이 낫다.

ㄷ. 중국 음식보다가 일식이 낫다.

ㄹ. 소설책보다가 학술서적이 좋다.

ㅁ. 나는 밥보다가 죽이 좋다.

「하고가」

ㄱ. 이것하고 저것하고가 어느 것이 더 좋으냐?

ㄴ. 너하고 니하고가 같이 가자.

ㄷ. 책하고 연필하고가 같이 없어졌다.

ㄹ. 밥하고 죽하고가 다 맛이 없다.

ㅁ. 차하고 기차하고가 모두 다 떠났다.

「에게가」

ㄱ. 아버지에게가 아니고 어머니에게 편지하여라.

ㄴ. 나에게가 아니고 철수에게 이것을 주어라.

ㄷ. 교무과장에게가 아니고 담임선생에게 이것을 주어라.

ㄹ. 형에게가 아니고 아우에게 이것을 주어라.

ㅁ. 이것을 철수에게가 아니고 영희에게 주어라.

이 「에게가」도 '아니다' 다음에만 쓰인다.

「한테가」

ㄱ. 이것을 아버지한테가 아니고 어머니한테 드려라.

ㄴ. 이것을 언니한테가 아니고 동생에게 주어라.

ㄷ. 언니한테가 돈이 많으냐, 아우한테가 돈이 많으냐?

ㄹ. 아우한테가 돈이 많겠지?

ㅁ. 큰아버지한테가 좋으냐, 작은아버지한테가 좋으냐?

「으로써가」

ㄱ. 풀은 칼로써가 아니고 낫으로 베어야 한다.

ㄴ. 연필은 낫으로써가 아니고 칼로써 깎아야 한다.

ㄷ. 병은 굿으로써가 아니고 약으로써 고쳐야 한다.

ㄹ. 고기는 손으로써가 아니고 투망으로써 잡아야 한다.

ㅁ. 건강은 약으로써가 아니고 운동으로써 지켜야 한다.

「으로써가」 역시 '아니다' 앞에서만 쓰이는데, 주격조사 「가」는 여러 말들을 대신하여 쓰이고 있다.

4. 기타 「이/가」 조사의 용법

〈1〉 문장 끝에 주격조사 「이/가」가 와서 문장을 끝맺는 일이 있다.

ㄱ. ⅰ. 야, 이상한 일도 다 있다.

　　ⅱ. 무엇이?

ㄴ. ⅰ. 네가 가니?

　　ⅱ. 아니, 내가.

ㄷ. ⅰ. 야, 기분 좋다.

ii. 어머, 뭐가요?

　ㄹ. i. 저 영감이 올해 몇 살이지?

　　ii. 용감 나이가요?

　ㅁ. i. 비가 오나, 눈이 오나?

　　ii. 눈이요.

위의 경우도 주격조사가 많은 말을 함축하고 있는데, 따라서 그 주격조사가 문장의 서술어를 대신하고 있다.

〈2〉 부사를 특히 지칭하여 말할 때는 주격조사 「이/가」를 사용하는 일이 있다.

　ㄱ. '미리'가 아니고 어서 가 보아라.

　ㄴ. '천천히'가 무슨 말이냐, 어서 가거라.

　ㄷ. '빨리'가 아니고 가까이에 있다.

　ㄹ. '멀리'가 아니고 가까이에 있다.

　ㅁ. '어찌'가 무슨 씨이냐?

〈3〉 대명사 '니'가 주어가 되면 주격조사는 「가」가 쓰인다.

　ㄱ. 니가 어디 가느냐?

　ㄴ. 니가 그를 이기겠느냐?

　ㄷ. 니가 참아라.

　ㄹ. 이번 시합에서 니가 이겼다.

　ㅁ. 니가 아무리 하여도 일을 내겠다.

〈4〉 어떤 말이든 주격에 서게 하면 주격조사 「이/가」가 쓰인다.

ㄱ. '이다'가 잡음씨이냐 풀이자리조사이냐?

ㄴ. '있다'가 움직씨이냐 그림씨이냐?

ㄷ. '운동회'가 언제이냐?

ㄹ. '복동이'가 보고 싶다.

ㅁ. '한글'이 우리 국자이지 '한자'가 어찌 우리 국자이냐?

위에서 지금까지 다루어 온 주격조사의 용법은 반드시 그렇게 되는 것이 있고 문장에 따라서는 그렇게 되지 않는 것도 있다. 그러니까 「이/가」의 용법은 문장의 구조가 중요한 작용을 하게 된다. 「이/가」의 용법은 지금까지 다루어 온 것으로는 부족하고 앞으로 더 많은 통계를 내어 면밀한 분석을 통하여 그 용법이 더 세밀하게 밝혀져야 할 것이다.

제**3**장

「은/는」 주격조사

1. 「은/는」의 어원

이 조사는 「은/은」, 「는/는」, 「ㄴ」 등 다양하게 나타나나, 글쓴이는 「은」을 이 조사의 기저형으로 보고 있다. 왜냐하면 이두에서 「은/는」은 「隱」으로만 나타나기 때문이다. 다음에서 예문을 보고 그 말밑을 살펴보기로 하겠다.

ㄱ. 君隱父也臣隱愛賜尸母史也 (安民)

ㄴ. 二兮隱吾下於叱古二兮隱誰支不焉古 (處容)

ㄷ. 善化公主主隱他密只嫁良置古 (薯童)

ㄹ. 巴寶白乎隱花良汝隱直等隱心矣命叱使以惡只 (兜率)

ㅁ. 生死路隱此矣有阿米次兮伊遣 (祭亡妹)

ㅂ. 吾隱去內如辭叱都毛如云遣去內尼叱古 (上同)

ㅅ. 阿耶唯只伊吾音之叱恨隱繕陵隱安支尙宅都乎隱以多 (遇賊)

ㅇ. 拜內乎隱身萬隱法界毛叱所只至去良 (禮敬諸佛)

ㅈ. 灯炷隱須彌也灯油隱大海逸留去耶 (廣修供養)

ㅊ. 造將來臥乎隱惡寸隱法界餘音玉只出隱伊音叱如支 (懺悔業障)

위에서 보면 「隱」은 대체적으로 명사와 대명사 사이에 오거나 명사와 서술어 사이에 와서 주로 그 앞의 명사로 하여금 지정어가 되게 하고 있다. 따라서 문장 안에서의 자리나 구실은 물론 그 문맥적 뜻으로 볼 때 지정의 뜻을 나타내던 명사였던 것으로 보인다. 모로바시의 『대한화사전』에 의하면 본래 「隱」은 「정함」의 뜻이 있다고 풀이하고 있다. 따라서 위와 같은 여러 가지 이유로 그 이름을 지정보조조라 할 만하다.

다음에는 중세어에서의 예를 보기로 하자.

ㄱ. 國은 나라히라. (훈언)

ㄴ. 尼樓는 賢홀씨 (월석 1-80)

ㄷ. 식미 기픈 므른 ᄀᆞᄆᆞ래 아니 그츨씨 (용비 2)

ㄹ. 머리 이션 보ᅀᆞᆸ고 가까비 완 몯 보ᅀᆞᄫᆞ리러라. (월석 7-55)

ㅁ. 왕이 ᄉᆞ랑하샤미 ᄃᆞ외야는 도르혀 나를 ᄇᆞ리ᄂᆞ다. (석보 11-29A)

위의 ㄹ에서는 「은」이 「이셔」 다음에 쓰였고, ㅁ에서는 「ᄃᆞ외야」 다음에 와 있다. 이와 같은 일은 「은」이 「이셔」와 「ᄃᆞ외야」를 지정하여 주는 말임을 알 수 있는데, 그러면 이와 같은 말은 어떤 품사일까? 깊이 따져보면 서술어와 부사를 지정하여 주는 말은 명사밖엥는 없을 것 같다. 왜냐하면, 명사가 이런 말을 받아서 지정하는 뜻을 더해 주는 것으로 보이기 때문이다. 더구나, 이 말을 부사나 동사로는 볼 수 없는데, 그것은 ㄱ과 ㄴ을 보아서 짐작할 수 있기 때문이다. 더구나 「은」이 관형사나 접속사가 아님은 다음의 예로 알 수 있다.

    ㄱ. 聲聞緣覺은 아래 사겨 잇ᄂ니라. (월석 1-73)
    ㄴ. 大ᄂ 클 씨라. (월석 1-13)

위의 보기뿐만 아니라, 문장에서 문맥적인 뜻으로 보더라도 지정의 뜻을 나타냄이 분명한즉 「은/는」은 지정의 뜻을 나타내는 명사임이 분명하다고 보아 무리는 없을 것이다.

2. 현대어에서 「은/는」의 용법

「은/는」 중 「은」이 기본형이고, 「는」은 「은」에 「ㄴ」이 하나 더 붙어서 된 것임에 유의하여야 할 것이다.

〈1〉 서술어에 의문사 '누구', '언제', '어디', '어느 곳', '어느 것'… 등을 위시하여 '얼마', '어떤 책', '어떤 사람', '누구의 시계' 등이 있는 의문문에서는 주어에 「은/는」이 쓰인다.

    ㄱ. ⅰ. 저 사람은 누구이냐?
       ⅱ. 저 사람은 세무사원이다.
    ㄴ. ⅰ. 너의 생일은 언제이냐?
       ⅱ. 나의 생일은 3월 3일이다.

ㄱ과 ㄴ의 ii는 i의 물음에 대한 답문장인데, 이런 때의 주어에는 언제나 조사 「은/는」이 온다.

〈2〉 서술구의 일부에 조사가 붙은 의문사 '무엇을', '누구에게', '누구와', '어디에서', '몇시에', '얼마로', '어떤 책을', '어느 버스에' 등이 있는 의문문에서는 주어의 조사는 언제나 「은/는」이 되고, 그 답문장의 주어도 조사 「은/는」을 취한다.

ㄱ. i. 김선생은 어떤 음악을 잘 듣느냐?
ⅱ. 그는 클래식을 잘 듣는다.
ㄴ. i. 학교는 몇 시에 시작하느냐?
ⅱ. 학교는 9시에 시작한다.

ㄱ과 ㄴ의 i과 ⅱ의 주어에는 다 같이 조사 「은/는」이 쓰이고 있다.

〈3〉 서술구의 일부에 조사가 붙은 의문사 '어느 것을', '어떤 곳으로', '누구에게', '어디에서' 등이 있는 의문문에서는 주어에 「은/는」을 붙이고 그 답문장의 주어에도 「은/는」을 붙인다.

ㄱ. i. 김군은 육류와 생선 중 어느 것을 먹느냐?
ⅱ. 그는 육류를 더 좋아합니다.
ㄴ. i. 그는 어느 곳으로 피난하였느냐?
ⅱ. 그는 시골로 피난하였습니다.
ㄷ. i. 그는 누구에게 편지를 썼느냐?

ii. 그는 형에게 편지를 썼습니다.

ㄹ. i. 철수는 어디에서 살았느냐?

ii. 그는 서울에서 살았습니다.

위의 ㄱ, ㄴ, ㄷ, ㄹ의 i 과 ii의 주어에는 모두 「은/는」의 조사가
쓰이고 있다.

〈4〉 서술어가 두 개일 때, 그 중에서 하나를 선택하게 하는 의문
문에서는 언제나 주어에는 조사 「은/는」이 오고 그 답문장에서도
조사 「은/는」이 온다.

ㄱ. i. 그것은 간장이냐, 참기름이냐?

ii. 그것은 간장이다.

ㄴ. i. 김군은 산에 가고 싶은가, 바다에 가고 싶은가

ii. 그는 바다에 가고 싶어한다.

ㄷ. i. 너는 밥이 먹고 싶은가 떡이 먹고 싶은가?

ii. 나는 떡이 먹고 싶다.

ㄹ. i. 철수는 집에 있고 싶은가, 학교에 가고 싶은가?

ii. 나는 학교에 가고 싶다.

ㅁ. i. 너는 놀고 싶은가, 공부하고 싶은가?

ii. 나는 공부하고 싶다.

위의 ㄱ~ㅁ에서 보면 i 과 ii의 주어에는 모두 조사 「은/는」이
쓰이고 있다.

《5》 서술어가 주어의 내용이 어떤가를 묻는 의문문에서는 주어에 언제나 조사 「은/는」이 오고 그 답문장에도 「은/는」이 온다.

ㄱ. i . 이 사과는 맛이 있느냐?
　 ii. 이 사과는 맛이 있다.
ㄴ. i . 이 택시는 어느 회사제이냐?
　 ii. 이 택시는 현대회사제이다.
ㄷ. i . 이 차의 이름은 무엇이냐?
　 ii. 이 차의 이름은 소나타이다.
ㄹ. i . 너는 어디를 가느냐?
　 ii. 나는 서울로 간다.
ㅁ. i . 벼는 무엇을 먹고 자라느냐?
　 ii. 벼는 비료를 먹고 자란다.

위의 ㄱ~ㅁ의 i 과 ii의 문장에서 주어의 조사는 모두 「은/는」으로 되어 있다.

《6》 서술어를 선택하여 상대에게 전하는 문장에서는 주어에 조사 「은/는」이 온다.

ㄱ. i . 네가 제일 좋아하는 운동은 무엇이냐?
　 ii. 내가 제일 좋아하는 운동은 야구이다.
ㄴ. i . ㄱ의 집은 어떠하냐?
　 ii. 김군의 집은 넓고 깨끗하다.
ㄷ. i . 네가 좋아하는 음식은 어느 것이냐?

ii. 내가 좋아하는 음식은 냉면이다.

　ㄹ. ⅰ. 그가 좋아하는 곳은 어디이냐?

　　　ii. 그가 좋아하는 곳은 설악산이다.

　ㅁ. ⅰ. 네가 먹는 것은 무엇이냐?

　　　ii. 내가 먹는 것은 과자이다.

〈7〉 주어가 다음의 각 예문 ⅰ에서 나온 명사와 같은 명사이고, 그 명사에 관하여 뭔가를 전하고 싶을 때, 주어에는 「은/는」을 붙인다. 그리고 주어가 앞에 나온 명사를 가리키는 '그', '그이', '그미', '이것', '그것', '그~', '저~' 등이고, 그 명사에 관하여 뭔가를 전하고 싶을 때는 주어에 「은/는」이 온다.

　ㄱ. ⅰ. 한국에서 제일 긴 강은 낙동강이다.

　　　ii. 낙동강은 경상남·북도를 걸쳐서 흐르고 있다.

　ㄴ. ⅰ. 철수는 오늘 쉬느냐?

　　　ii. 아니요, 그는 오늘 출근합니다.

　ㄷ. ⅰ. 영희는 오늘 쉬느냐?

　　　ii. 아니요, 그미는 오늘 일합니다.

　ㄹ. ⅰ. 우리나라에서 제일 살기 좋은 곳은 서울이다.

　　　ii. 서울은 인구가 천이백 명이다.

　ㅁ. ⅰ. 우리나라에서 제일 큰 항구는 부산이다.

　　　ii. 부산은 우리나라 제이의 큰 도시이다.

〈8〉 주어가 앞에 나온 명사와 관계가 있는 말이고, 그 명사에 관하여 뭔가를 전하고 싶을 때는 주어에는 「은/는」을 붙인다.

ㄱ. i. 이것은 금년에 나온 사전이다. 수록 어휘 수는 30만 개로써
　　　값은 이만원이다.

　　ii. 이 사전의 특징은 토박이말과 새로운 말을 많이 수록한 것이다.

ㄴ. i. 나는 아이가 둘이 있다.

　　ii. 첫째 아이는 계집애인데, 결혼하여 지금 서울에서 살고 있고
　　　둘째는 아들인데 대학교에 다니고 있다.

ㄷ. i. 이 책은 나의 저서이다.

　　ii. 나의 저서는 모두 열다섯 권이다.

ㄹ. i. 이 볼펜은 선물로 받은 것이다.

　　ii. 이것은 글이 아주 잘 쓰여진다.

ㅁ. i. 이 참고서는 내용이 아주 좋다.

　　ii. 그런데 그 책은 값이 너무 비싸다.

《9》 '사물'인 주어와 유관한 서술어를 사용한 문장이라도 어떤 사
건을 전하는 것이 아니고 그 '사물'에 관하여 뭔가를 나타내는 문장
에서는 주어에 「은/는」이 온다.

ㄱ. i. 화장실은 어디 있습니까?

　　ii. 신사용은 삼층에 있습니다.

ㄴ. i. 이 편지는 언제 왔느냐?

　　ii. 이 편지는 어제 왔습니다.

ㄷ. i. 어제 비가 많이 왔다.

　　ii. 비는 하루 종일 왔다.

ㄹ. i. 우체통은 어디 있느냐?

　　ii. 우체통은 바로 저기에 있습니다.

ㅁ. ⅰ. 정류소는 여기서 머느냐?

ⅱ. 정류소는 아주 가깝습니다.

〈10〉 어떤 사건이 한 번에 그친 것이 아니고 '언제나 ~한다'는 것을 나타내는 문장에서는 주어에 「은/는」을 붙인다.

ㄱ. 서울행 밤열차는 열시에 부산을 떠나 서울에는 다음날 새벽 세시에 도착한다.

ㄴ. 지구는 태양의 주위를 돌고 있다.

ㄷ. 학교는 매일 아침 아홉 시에 시작한다.

ㄹ. 달은 지구의 주위를 돌고 있다.

ㅁ. 그는 언제나 마음이 아름답다.

〈11〉 어떤 사람의 습관, 즉 '언제나 ~한다'는 것을 나타내는 문장에서는 주어에 「은/는」을 붙인다.

ㄱ. 우리 할아버지는 매일 밤 아홉 시에 주무시고 새벽 다섯 시에 일어나신다.

ㄴ. 한국 사람은 봄에는 꽃놀이를 하고 가을에는 단풍놀이를 한다.

ㄷ. 아버지는 어려서 매일 걸어서 통학을 하셨대요.

ㄹ. 나는 매일 아침에 산보를 한다.

ㅁ. 그는 일요일마다 등산을 한다.

〈12〉 '생각하고 있다', '~인가 보다', '~할 생각(예정)이다', '사랑하고 있다', '싫어한다', '느끼고 있다', '놀랐다' 등을 사용하여 마음속에서 생각하고 있는 것을 나타내는 문장에서는 주어에 「은/는」을 붙인다.

ㄱ. 철수의 아버지는 도회지보다도 농촌이 살기 좋다고 생각한다.

ㄴ. 영희는 취직하지 아니하고 대학원에 진학할 예정이다.

ㄷ. 영수는 해외여행을 떠날 예정이다.

ㄹ. 철수는 영희를 사랑하고 있다.

ㅁ. 그는 개고기를 매우 싫어한다.

ㅂ. 그는 훌륭한 사람인가 봐.

ㅅ. 영희는 고양이를 보고 매우 놀랐다.

ㅇ. 그는 참으로 행복하다고 느끼고 있다.

〈13〉 '언제나 ~이다', '어느 것이나 ~이다'라는 것을 나타내는 형용사를 사용한 문장에서는 주어에는 「은/는」을 붙인다. 이것은 말할이가 머릿속에서 판단하여 나타내는 것이다.

ㄱ. 소방차는 붉다.

ㄴ. 서울의 명동이나 한남동은 밤이라도 대단히 붐빈다.

ㄷ. 철수 아버지는 영어 선생님이시다.

ㄹ. 언제나 그미는 얼굴이 아름답다.

ㅁ. 그는 언제나 청춘이다.

ㅂ. 이것은 어느 것이나 다 고급이다.

〈14〉 능력의 유무를 나타내는 '할 수 있다', '잘 한다', '뛰어나다', '서툴다', '안다' 등을 서술어로 한 문장에서는 능력의 소유자에게는

「은/는」을 붙이고 능력의 내용에는 「이/가」를 붙인다.

ㄱ. 철수는 스키가 뛰어나다.

ㄴ. 철수는 매운 것이 먹어지나?

ㄷ. 그는 머리가 뛰어나다.

ㄹ. 영희는 재주가 있다.

ㅁ. 그는 머리가 매우 우수하다.

ㅂ. 그미는 손재주가 대단하다.

〈15〉 '좋다', '싫다' 등을 서술어로 한 문장에서는 감정의 소유주에게는 「은/는」을 붙인다. 그리고 감정의 대상에는 「이/가」를 붙인다.

ㄱ. 나는 외국 소설을 읽는 것이 좋다.

ㄴ. 나는 어디서나 잠을 잘 자는 사람이 부럽다.

ㄷ. 나는 김교수의 강의가 듣기 좋다.

ㄹ. 나는 공부가 싫다.

ㅁ. 나는 생선초밥이 좋다.

〈16〉 어떤 명사 N1의 성질을 나타내기 위하여 'N1은+N2가+형용사'로 된 문장을 사용하는 일이 있다. 이때 N1과 N2는 첫째 N1이 N2를 소유하는 관계에 있다. 둘째 N2가 '사용법', '사고방법', '탄생', '영향' 등 동사적인 명사로서 N1이 그것에 관계하는 명사일 때는 N1에는 「은/는」을 붙인다.

ㄱ. 이 버스는 창이 크다.

ㄴ. 이 카메라는 쓰기가 간단하다.

ㄷ. 그는 사고방식이 고루하다.

ㄹ. 그는 사상이 진보적이다.

ㅁ. 철수는 출생이 영희보다 **빠르다**.

〈17〉 어떤 명사 N1의 성질을 나타내기 위하여 'N1은 N2가 N3이다'와 같은 문장을 사용하는 일이 있다. 이때 N3은 보통 '~의 N3이라는' 형식으로 사용되는 명사로서 N1과 N2와 N3은 'N1의 N3은 N2이다'라는 관계가 있다.

ㄱ. 나는 토목공학이 전공이므로 건축은 아무것도 모른다.

ㄴ. 이 사전은 새 어휘를 많이 실은 것이 특징이다.

ㄷ. 나는 국어학이 전공이므로 영어는 잘 모른다.

ㄹ. 그는 내과가 전문이므로 외과는 잘 모른다.

ㅁ. 그는 수학이 취미이므로 수학만 공부한다.

〈18〉 '~은 ~한 일이 있다', '~은 ~하는 일이 있다', '~은 ~하는 일이 많다'는 문장에서는 '~했다', '~한다'라는 동작을 하는 사람에게는 「은/는」을 붙이고 '~는 것'에는 「이/가」를 붙인다.

ㄱ. 그는 학회에서 연구발표를 한 적이 한두 번 있다.

ㄴ. 건강이 좋지 않은 사람은 술을 마시지 않는 것이 좋다.

ㄷ. 책값은 어디서나 같은 것이 보통이다.

ㄹ. 철수를 만난 것은 삼월 이일 입학할 때가 처음이었다.

ㅁ. 그는 입학시험에 떨어진 적이 몇 번 있다.

ㅂ. 그는 말이 많은 것이 결점이다.

〈19〉 '한량이다', '멋쟁이다' 등과 같은 관용구의 동작주에는 「은/
는」을 붙인다.

ㄱ. 철수는 멋쟁이다.

ㄴ. 그는 돈 잘 쓰는 한량이다.

ㄷ. 그는 현대 신사이다.

ㄹ. 영희는 잘 나가는 멋쟁이다.

ㅁ. 그는 둘도 없는 오입쟁이다.

〈20〉 「은/는」을 사용한 문장에서는 「은/는」 앞에 있는 부분은 상
대에게 묻거나 전하거나 하고 싶은 것이다. 이때 「은/는」 뒤에 있는
명사에는 「이/가」를 붙인다.

ㄱ. ⅰ. 아주 아름다운 꽃이다. 이것은 누가 가져 왔느냐?

ⅱ. 그것은 철수가 가져왔다.

ㄴ. ⅰ. 미안합니다. 국제전화를 하고 싶은데요.

ⅱ. 국제전화는 당신이 저쪽의 전화를 이용하십시오.

ㄷ. ⅰ. 큰일 났구나. 너는 어디가 아프냐?

ⅱ. 저는 몸살이 났습니다.

ㄹ. ⅰ. 물어 보아라. 철수는 무엇이 필요한가.

ⅱ. 철수는 다리가 아프답니다.

ㅁ. ⅰ. 미안합니다. 말 좀 물어 보겠습니다.

ⅱ. 서울까지, 이 차는 몇 시간 걸립니까?

〈21〉 존재를 나타내는 동사나 형용사를 사용한 문장에서는 알고 있는 장소에 관하여 뭔가를 전하고 싶을 때는 「에」에 「은/는」을 붙인다. 그리고 그 장소에 존재하는 것에는 「이/가」를 붙인다.

ㄱ. ⅰ. 이 도서관에는 책이 몇 권 있나?
　　ⅱ. 이 도서관에는 책이 삼십만 권이 있다.
ㄴ. 이 강에는 고기가 그리 많지 아니하다.
ㄷ. 우리 고향 산에는 진달래가 아주 많다.
ㄹ. 우리나라에는 애국지사가 아주 많다.
ㅁ. 산에는 꽃이 피네, 꽃이 피네.

〈22〉 대비적인 두 문장을 '~하나', '그러나'로써 연결할 때 대비되는 명사에는 「은/는」을 붙인다.

ㄱ. 철수는 홍차는 좋아하나, 커피는 싫어한다.
ㄴ. 이 기계는 사용법은 간다하나, 고장은 잘 난다.
ㄷ. 그는 착하나 얼굴은 못 생겼다.
ㄹ. 그는 영리하다. 그러나 시험은 잘 못 본다.
ㅁ. 그는 키는 크나, 소견은 없다.

〈23〉 종속절과 주절이 서로 상반되는 성질로 대비가 될 때는 주어에는 「은/는」을 사용한다.

ㄱ. 이 차는 성능은 좋으나 값은 비싸다.
ㄴ. 산은 높고 물은 깊다.

ㄷ. 철수는 키가 크고 영수는 키가 작다.

ㄹ. 그는 머리가 좋으나 성질은 좋지 아니하다.

ㅁ. 그는 키는 작으나 마음은 굳세다.

〈24〉 '~할 수 없다', '아니다'와 같은 말이 쓰여 부정을 나타내는 문장에서는 주어에 「은/는」을 사용한다.

ㄱ. ⅰ. 너는 한문을 읽을 수 있나?

　　ⅱ. 아니요, 나는 한문을 전혀 읽을 수 없습니다.

ㄴ. ⅰ. 저것이 독도인가요?

　　ⅱ. 저것은 독도가 아닙니다.

ㄷ. ⅰ. 그는 음악을 좋아하느냐?

　　ⅱ. 그는 음악을 좋아하지 않습니다.

ㄹ. ⅰ. 철수는 공부를 잘 하느냐?

　　ⅱ. 그는 공부를 잘 하지 못합니다.

ㅁ. ⅰ. 여기가 서울이냐?

　　ⅱ. 여기는 서울이 아닙니다.

(24ㄴ·ㄹ)의 ⅱ와 같은 부정문에서는 언제나 'A는 B가 아닙니다' 식으로 「은/는 주어」+「이/가주어」의 차례가 됨에 유념할 필요가 있다. 왜냐하면 '무엇이 아니다'라고 부정을 하려고 하면, 부정의 대상이 되는 물건을 정해 놓을 필요가 있기 때문이다.

〈25〉 '~때', '~전에', '~까지', '~고 나서' 등과 같이 때를 나타내는 종속절의 주어와 주절의 주어가 같을 때는 주어에는 「은/는」을 사용한다.

ㄱ. 나는 일본에 있을 때, 논문을 세 편 썼다.

ㄴ. 입사하기 전에, 나는 조그마한 책방을 경영하였다.

ㄷ. 나는 공부하기 전에, 언제나 세수를 한다.

ㄹ. 그는 공부하고 나서, 반드시 운동을 한다.

ㅁ. 수업을 마치고 나면, 그는 반드시 학원에 간다.

〈26〉 '~면', '~므로', '~위하여', '~대로' 등과 같이 조건, 목적, 까닭, 정도 등을 나타내는 종속절의 경우 종속절의 주어와 주절의 주어가 같을 때는 주어에 「은/는」을 붙인다.

ㄱ. 나는 집을 짓기 위하여 보너스를 모두 저축하였다.

ㄴ. 한번 약속하였으면, 나는 꼭 그 약속을 지켰다.

ㄷ. 그는 착했으므로 모든 사람의 사랑을 받았다.

ㄹ. 그는 돈을 버는 대로 저축을 하였다.

ㅁ. 그는 공부하기 위하여 서울로 갔다.

〈27〉 명사를 꾸미는 절의 주어와 주절의 주어가 같을 때 그 주어에는 「은/는」을 붙인다.

ㄱ. 나는 결혼 축하로 언니한테서 받은 목걸이를 (나는) 분실하였다.

ㄴ. 나는 수업 중에 만화를 그리는 재미로 (나는) 시간을 보냈다.

ㄷ. 철수는 공부하는 재미로 (그는) 시간 가는 줄을 모른다.

ㄹ. 그는 낚시하는 취미로 (그는) 세월을 보낸다.

ㅁ. 영희는 음악을 잘 하는 까닭으로 (그미는) 선생님으로부터 사랑을
받는다.

〈28〉 '~하고'로 이어지는 앞뒤 두 절의 주어에는 「은/는」을 붙인다.

ㄱ. 어머니는 육류를 싫어하고, 아이들은 생선을 싫어한다.
ㄴ. 그는 일을 하고, 그는 공부를 한다.
ㄷ. 그는 밥을 먹고, 학교로 간다.
ㄹ. 그는 일도 하고, 공부도 한다.
ㅁ. 그는 공부도 하고, 아르바이트도 한다.

〈29〉 종속절이 '~므로', '~니까', '~그러나'로 이어지면서 주어가
주절의 주어와 같을 때는 그 주어에는 「은/는」을 붙인다.

ㄱ. 철수는 장남이므로 그는 부모를 모셔야 한다.
ㄴ. 철수는 방학 중 낮에는 잠을 자니까 그는 밤에 공부를 한다.
ㄷ. 그는 공부를 열심히 한다. 그러나 그는 성적이 오르지 아니한다.
ㄹ. 그는 공부를 열심히 하였으나, 그는 우등생이 되지 못하였다.
ㅁ. 영희는 고향에 갔으나, 그미는 아무도 만나지 못하였다.

〈30〉 '~라고', '~고' 등과 같은 인용조사로 이어지는 종속절에 오
는 서술어가 '생각하다', '말하다', '자랑하다' 등일 때는 인용절 안의
주어에는 「은/는」을 붙인다.

ㄱ. 철수는 졸업을 연장할 것이라고 선생님이 말하였다.

ㄴ. 그는 독일어를 잘 한다고 자랑한다.

ㄷ. 영희는 무용을 잘 한다고 친구들에게 자랑한다.

ㄹ. 그는 공부가 하기 싫다고 밖으로 나갔다.

ㅁ. 영수는 공부하겠다고 미국으로 유학을 떠났다.

〈31〉 '~였기 때문이다', '~여서이다' 등을 사용한 문장에서는 사실을 나타내는 부분 뒤에는 「은/는」을 사용한다. 이유를 나타내는 부분 중의 주어에는 「이/가」를 붙인다.

ㄱ. 철수가 논문 제목을 바꾼 것은 선생님이 제목이 어렵다고 하신 때문이다.

ㄴ. 그가 늦어진 것은 차가 늦어졌기 때문이다.

ㄷ. 풍년이 든 것은 비가 알맞게 왔기 때문이다.

ㄹ. 그가 성공한 것은 그가 열심히 공부하여서이다.

ㅁ. 눈이 많이 온 것은 풍년이 들 징조이어서 모두들 좋아한다.

〈32〉 「은/는」이 부사, 용언에 쓰이어 그것을 지정, 한정하는 뜻을 나타낸다.

ㄱ. 그는 일을 잘은 한다.

ㄴ. 그가 일을 잘 한다고는 합니다마는 직접 보지 못해서 알 수가 없다.

ㄷ. 영희는 착하다고는 인정하나, 채용할 수 없다.

ㄹ. 그는 그 일에 대하여 아주는 모르나 조금 알고 있다.

ㅁ. 그는 일을 하다가는 쉬고 하다가는 쉰다.

〈33〉 주어를 자칭하여 어떠하다는 것을 말할 때는 「은/는」이 쓰인다.

    ㄱ. 그들은 너무나 시대착오적임을 알아야 한다.

    ㄴ. 너는 네 자신이 깨달아야 한다.

    ㄷ. 너는 네 자신을 알아야 한다.

    ㄹ. 철수는 제 잘못을 반성해야 한다.

    ㅁ. 사람은 제 자질을 알아야 한다.

〈34〉 문장의 끝에 오는 「요」 앞에 「은/는」이 오는 일이 있다.

    ㄱ. ⅰ. 너는 피아노를 얼마나 치느냐?

       ⅱ. 조금은요.

    ㄴ. ⅰ. 너는 이 노래를 부를 수 있니?

       ⅱ. 약간은요.

    ㄷ. ⅰ. 너는 이 일을 잘 아니?

       ⅱ. 대강은요.

    ㄹ. ⅰ. 철수는 집에 가거라.

       ⅱ. 나는요?

    ㅁ. ⅰ. 너는 쉬어라.

       ⅱ. 철수는요.

〈35〉 감탄사 「야」 앞에 「은/는」이 오는 일이 있다.

    ㄱ. 나는야 열아홉 살 송화강 큰애기.

ㄴ. 너는야 어디 가니?

ㄷ. 서울은야 지금 야단이다.

ㄹ. 약은야 먹었니?

ㅁ. 영희는야 오지 않니?

〈36〉 지칭의 「이/가」 다음에 지정을 나타내는 말이 올 때, 'A이/가—B은/는—C은/는' 형식으로 조사가 쓰이는 일이 있다.

ㄱ. 이 아이가 머리는 좋으나, 성질은 안 좋다.

ㄴ. 이 책이 재미는 있으나, 내용은 신통찮다.

ㄷ. 그 아이가 착하기는 하나, 머리는 좋지 아니하다.

ㄹ. 이 강이 물은 깊으나, 수질은 좋지 아니하다.

ㅁ. 네가 착하기는 하나, 손재주는 별로다.

〈37〉 앞뒤 두 절이 반대의 뜻을 나타낼 때 그 두 절의 주어에는 조사 「은/는」이 오고 마지막 절의 주어에도 조사 「은/는」이 온다.

ㄱ. 눈은 오고 날씨는 추운데, 아이들은 좋아라 야단이다.

ㄴ. 비는 오고 날씨는 어두운데, 아이들은 아직 학교에 있다.

ㄷ. 너는 키는 크나 재주는 별로 없는데, 마음씨는 곱다.

ㄹ. 나무는 크나 잎은 별로 많지 아니하나 그늘은 좋다.

ㅁ. 산은 높데 나무는 그리 많지 아니하나 경치는 아름답다.

〈38〉 세 개의 문장이 이어져 있을 때 앞의 두 문장이 비교를 나타내면 그 주어에는 조사 「은/는」이 오고 문장의 주어에는 조사 「이/

가」가 온다.

ㄱ. 키는 크나 몸은 약한데 머리가 좋다.

ㄴ. 배는 고프나 먹거리는 없고 야단이 났다.

ㄷ. 길은 좋으나 차는 아니 오고 걱정이 태산 같다.

ㄹ. 손은 작으나 손재주는 있으되 할 일이 없다.

ㅁ. 나이는 어리나 재주는 비상하여 모든 사람이 부러워한다.

〈39〉 지정어 절이 전제를 나타내면, 그 뒤에 오는 절의 주어에는
조사 「이/가」가 온다.

ㄱ. 문화중심지는 두 군데를 들 수 있는데, 하나가 내가 갔던 토론토
이고 또 하나가 몬트리올입니다.

ㄴ. 세월은 흘러가는데, 내가 할 수 있는 일이 꼭 하나가 있다.

ㄷ. 이 일은 하기만 하면, 네가 얻을 수 있는 이익이 수천만 원이
될 것이다.

ㄹ. 너는 가기만 가면 네가 얻을 수 있는 이익이 수백만 원이 됨을
알 것이다.

ㅁ. 너는 오기만 오면, 이것이 무엇이며 저것이 무엇이냐 하면서 방해
가 된다.

〈40〉 앞뒤 두 절이 무엇에 대하여 설명을 할 때, 앞뒤 절의 주어에
는 조사 「은/는」이 오고 두 서술절의 주어에는 조사 「이/가」가 온다.

ㄱ. 붕어는 체형이 잉어보다 짧고 잉어는 주둥이 양 끝에 수염이 있다.

ㄴ. 두 사람 사이에서 낳은 아들들 중에 어떤 이들은 김해 김씨가 되었고 어떤 이들은 김해 허씨가 되었다.

ㄷ. 왕세자의 수채화전은 여러 번 열렸지만 왕세자가 직접 자신의 작품을 관람하러 오기는이번이 처음이라고 한다.

ㄹ. 난 너가 이렇게 불쑥 나타나리라고 예상은 하고 있었다마는 막상 너를 만나 절을 받으니 감개가 무량하구나.

ㅁ. '엘리아스 스포츠'는 프리에이전트 선수가 다른 팀과 계약할 때 저는 소속구단이 보상받은 신인드래프트 순위를 결정하기 위해 지난 81년부터 해마다 2년 동안의 성적을 토대로 평점을 매겨 왔다.

〈41〉 'A이/가' 주어로 되는 절의 수식을 받는 절의 주어에는 조사 「은/는」이 온다.

ㄱ. 네가 도우는 사람은 반드시 성공할 것이다.

ㄴ. 우리가 미는 후보는 반드시 당선될 것이다.

ㄷ. 네가 짓는 농사는 어쩌면 그리도 잘 되느냐?

ㄹ. 내가 하는 일은 잘 되지 않는다.

ㅁ. 샘이 솟는 물은 가뭄에 마르지 아니한다.

〈42〉 '~이 ~이 ~하다'는 말의 다음에 오는 주어에는 조사 「은/는」이 온다.

ㄱ. 내가 얼굴이 검은 것은 전적으로 조상 탓인 것이다.

ㄴ. 정권에 불만이 있는 사람들은 정부 기관에서 고치고 다듬을 말을

불만을 드러내는 수단으로 삼을 가능성마저 있다.

ㄷ. 부녀회가 주동이 되어 공장장에게 몰려간 부인네들은 책상을 뒤
엎고 유리그릇을 박살내 버림으로써 통쾌하게 복수했다.

ㄹ. 우리가 선생님의 이야기에 관심을 쏟자 신이 난 역사 선생님은
이야기를 계속하였다.

ㅁ. 미국말 배우기가 얼마나 필요한가란 물음에 대한 생각을 해보지도
않고 온 겨레가 미국말 공부에 매달리는 것은 슬기롭지 못하다.

〈43〉 앞 절과 뒤 수식을 받는 절의 내용이 반대가 되는 경우 앞뒤
수식하는 절의 주어에는 조사 「이/가」가 오고 그 뒤 수식을 받는
절의 주어에는 조사 「은/는」이 온다.

ㄱ. 그분의 제사상에는 반드시 숭어가 오른다는 얘기는 들은 적이
있지만 그분의 사당에 숭어의 그림이 조각되어 있다는 얘기는
듣지 못하였다.

ㄴ. 사람이 사는 집은 깨끗하나 사람이 살지 않는 집은 허물어져 있다.

ㄷ. 책이 있는 학생은 공부를 할 수 있으나, 책이 없는 학생은 공부를
못한다.

ㄹ. 돈이 있는 사람은 잘 사나, 돈이 없는 사람은 잘 살지 못한다.

ㅁ. 재주가 있는 사람은 학문이 뛰어나나 재주가 없는 사람은 그렇지
못하다.

〈44〉 앞에 「은/는」으로 되는 주어가 오고 그 뒤에 그에 대하여
'~이 ~이 하게 되다'로 설명하는 절이 오면 그 절의 주어에는 조사
「이/가」가 온다.

ㄱ. 나는 얼굴색이 남보다 검다는 게 크게 부끄럽지 않게 되었다.

ㄴ. 어떤 이들은 김해 허씨가 되었다는 이야기가 전해온다.

ㄷ. 어쨌거나 내 생각은 노동자들에게 우리가 먼저 신랄한 자기비판
을 할 필요가 있다는 거야.

ㄹ. 에너지 절약은 정부가 하라고 해서 되는 게 아니다.

ㅁ. 여성 문제는 개인의 문제가 아니라 가부장적 사회구조의 산물이
라는 사회학적 상상력이 필요하다.

〈45〉 '나'와 '너'에는 「는」이 온다.

ㄱ. 나는 오늘 학교에 간다.

ㄴ. 너는 오늘 무엇을 하겠느냐?

ㄷ. 나는 아버지 심부름 간다.

ㄹ. 너는 어디 가느냐?

ㅁ. 나는 오늘 책을 읽겠다.

〈46〉 「은/는」 주어로 시작되는 문장에 서술절이 이어질 때 그 서
술어의 주어에는 조사 「이/가」가 온다.

ㄱ. 나는 호기심이 일어서 대문 밖에 나와서도 다시 문설주 위를 쳐다
보았다.

ㄴ. 나는 우리 할머니가 돌아가실 때까지 할머니에 대해 내내 섭섭한
마음을 가지고 있었다.

ㄷ. 미경이는 땅에 엎드리기가 무엇했는지 서서 고개를 숙여 묵념을
하는 모양이었다.

ㄹ. 가운데 문은 안쪽으로 자물쇠가 잠겨 있었다.

ㅁ. 나는 다시 도랑 들어가서 총무가 있다는 관리실 사무소 같은 기와
집으로 갔다.

ㅂ. 시간은 12시가 넘어 있었다.

ㅅ. 한국인은 예부터 물고기에 의지하고 살려는 심성이 있었는지도
모른다.

ㅇ. 리라는 내가 입원실에 들어서니 물끄러미 쳐다보며 알은 체하였다.

ㅈ. 미경이는 아직도 우리 할머니와 나의 미묘한 심리관계가 어떻게
발전해 갔는지 궁금한 모양이었다.

〈47〉 이유·결과 관계로 되는 절이 몇 개 이어지고 마지막에 결론
을 내릴 때 그 절의 주어에는 조사 「은/는」이 온다.

ㄱ. 오합지졸이 난을 일으켰기 때문에 남의 군대가 들어오고 청국이
왜적에게 당하게 되고, 따라서 우리 국운도 기울게 된 그 책임을
면할 수는 없겠지요.

ㄴ. 그가 공부를 잘 하였으므로 성적이 올라가게 되고 그 결과 그가
좋은 대학에 진학하였다고 한들 출세 여부는 알 수 없다.

ㄷ. 그가 화가 나서 온 집안이 야단이 났으나 결국 그가 정신을 차려
집안은 조용해졌다.

ㄹ. 철수가 성질이 온화하여 친구들이 좋아하였는데, 드디어 그는
크게 성공하였다.

ㅁ. 영희가 학교 성적이 좋아 모두가 탐을 내었으나 나중에 그미는
좋은 가문으로 시집을 가게 되었다.

〈48〉 'A이/가'—'B이/가'—'C은/는'—'D은/는'—'E은/는'—'F이/가'
의 형식으로 문장이 되어 어떤 서술을 하다가 끝에 가서 결론적으
로 문장을 맺을 때, 끝절의 주어에는 조사 「이/가」가 온다.

ㄱ. 이게 말이 쉬지 당사자로서는 정리해고 당한다는 것은 결국은
   어떻게 보면 참 사형선고나 같고 가족으로서는 전부 명줄이 끊어
   진거나 마찬가지입니다.

ㄴ. 영수가 키가 커서 일은 잘 하나 인내심은 없어 남들은 신통찮게
   여기나 내가 보기에는 착실해서 좋다.

ㄷ. 말이 말이 아니지 그는 매일 혹사를 당하여 몸은 지치고 다리는
   부어서 보기 안쓰러운데, 이 일이 예사로우냐?

ㄹ. 철수가 힘이 세어서 일은 잘 하는데, 남은 그것도 몰라 칭찬은
   고사하고 흠을 보니 내 ㅁ음이 답답하다.

〈49〉 'A은/는'—'B은/는'—'C이/가'의 짜임새로 문장이 이루어져
서 B와 C는 A에 대하여 그 특징이나 모습 등을 설명한다.

ㄱ. 누치는 잉어보다 몸은 길지만 수염이 없다.

ㄴ. 나의 조상 할아버지는 왕이셨고 할머니도 당당한 인도의 공주님
   이셨다는 전설 같은 이야기는 나를 으슥하게 만들고도 남음이
   있었다.

ㄷ. 내 주장은 이들 짝진 표현들은 의미가 다르다는 것이다.

ㄹ. 오토바이는 빠르기는 하나 위험성이 크다.

ㅁ. 닭은 날개는 있으나 날기가 어렵다.

〈50〉 'A이/가'―'B은/는'―'C이/가'의 형식으로 문장이 이루어져서 B는 문장의 주어가 되고 A는 B를 수식하는 관형절의 주어가 되며 C는 종결절의 주어가 되어 조사는 「이/가」를 취한다.

ㄱ. 학창시절이 끝난다는 것은 참으로 아쉬운 일이 아닐 수 없었다.

ㄴ. 얼굴에서 여드름이 나던 사춘기부터 나는 거울을 볼 때마다 이미 돌아가신 우리 할머니의 엉터리 같은 유전론이 머리에 떠올랐다.

ㄷ. 얼굴이 검은 사람은 얼굴이 흰 사람보다 인도 출신 할머니의 유전인자를 더 많이 가지고 있는 사람이다.

ㄹ. 수로왕이 사성한 허황옥의 자손들은 김해 허씨의 조상이 되었다.

ㅁ. 어쨌든 내가 자네한테 말할 수 있는 것은 이십 년이나 지난 오늘에 와서 그런 일을 보상하기엔 때가 너무 늦었다 하는 점일세.

〈51〉 'A은/는'―'B이/가'―'C이/가'―'D은/는'―'E이/가'의 형식으로 된 문장에서 A는 전제가 되고 B는 접속절의 주어가 되며 C는 관형절의 주어이며 D는 문장 전체의 주어이며 E는 서술절의 주어인데, 이런 경우 조사는 위에 보인대로 쓰이게 된다.

ㄱ. 어린이의 실종은 언제 누가 당할지 모른다는 데서 결코 남의 일이 아닌 우리 모두의 불행이라고 강조한 홍국장은 전국의 부모들이 내 아이를 찾는 심정으로 이 운동에 적극 동참해 줄 것을 다시 한 번 강조했다.

〈52〉 'A이/가'―'B은/는'―'C은/는'―'D은/는'과 같은 형식의 문장에서 A는 접속절의 주어이고 B와 C는 부사절의 주어로 서로 대조를 이루고 있으며, D는 종결절의 주어로서 조사는 위에 보인 대로의 것이 온다.

ㄱ. 정확한 수출통계가 잡히지 않고 있지만 올들어 지난 23일까지의 통과 기준수출은 4백 27억 달러 수입은 5백 27억 달러 안팎으로 수출입차는 98억 달러 선에 이르고 있는 것으로 잠정 집계되고 있다.

〈53〉 'A이/가'—'B이/가'—'C이/가'—'D이/가'—'E은/는'—'F이/가'와 같은 문장에서 A는 접속절의 주어이고 B는 그 접속절의 서술절의 주어이며 C는 E를 꾸미는 절의 주어이며 D는 E를 꾸미는 절의 주어이다. E는 문장 전체의 주어이며 F는 서술절의 주어이다.

ㄱ. leaf가 복수형이 될 때 f가 v가 된다는 것은 합성상징구조 leaves가 문법의 관습단위에 표현한다는 말이다.

〈54〉 'A은/는'—'B이/가'—'C이/가'—'D이/가'의 형식의 문장에서 A는 이유절의 주어이고 B는 관형절의 주어이며 C는 D를 꾸미는 절의 주어이다. D는 종결절의 주어인데 각 주어의 조사는 위에 보인 것과 같다.

ㄱ. 산모는 기진맥진해 자기가 낳은 자식을 식별하지 못할지도 모르니까 그런 때일수록 경험이 많은 노인네가 정신을 똑바로 차려서 자기네 핏줄을 제대로 찾아와야 한다고 주장하셨던 거야.

ㄴ. 여기선 세 차례나 시위가 있었지만 모두 학생이 주동이 돼서 한

일이니까요.

ㄷ. 근대 우리는 애들이 쪼끔 특기 같은 게 벌써 좀 정해져 있다시피 더 좋아하는 게 있어요.

ㄹ. 할머니는 내가 변성기가 지나서야 비로소 내 목소리가 아버지의 목소리와 똑같다고 하셨다.

〈55〉 'A은/는'—'B이/가'—'C이/가'의 형식으로 된 문장에서 A는 지정어가 되고 B와 C는 A를 설명하는 절의 각각 주어가 된다.

ㄱ. 이는 잉어가 윤관의 가계인 파평 윤씨의 토템이라는 이야기가 된다.

ㄴ. 이것은 북어 즉 물고기가 재액을 막아주는 기능이 있다고 믿는 한국의 기층문화를 대변해 준다.

ㄷ. 인권은 누가 대신 지켜 주는 것이 아닙니다.

ㄹ. 평가된 새 상징구조는 미리 정해진 무리가 아니어서 자동문법의 제한된 기체로서 연산적으로 유도될 수 있는 것이 아니다.

ㅁ. 인제는 지가 이렇게 지키고 있어서 사람들이 손을 못 대지예.

〈56〉 'A은/는'—'B이/가'—'C은/는'의 형식으로 된 문장에서 A는 문장 전체의 주어이요 B는 인용절이나 서술절의 주어이며 C는 종결절의 주어이다.

ㄱ. 그 석탑은 수로왕비가 인도에서 가져온 것이라고 이 지방 사람들은 굳게 믿고 있는 모양이었다.

ㄴ. 초등학교 때부터 이를 교육한다는 것은 우리 겨레 모두가 미국말

을 쓸 줄 알아야 한다는 주장과 다르지 않으므로 이는 지나친 생각이다.

ㄷ. 우리는 한국 사람이므로 영어가 그리 대단한 것은 아니다.

ㄹ. 나는 그가 일을 잘 못했다는 것은 아니다.

ㅁ. 나는 그 일이 잘 되리라는 것은 틀림없다고 믿는다.

〈57〉「은/는」은 격조사와 복합조사를 이룬다.

「에는」

ㄱ. 산에는 꽃이 피네 꽃이 피네.

ㄴ. 집에는 아무도 없다.

ㄷ. 학교에는 학생이 하나도 없다.

ㄹ. 꽃밭에는 온갖 꽃이 다 피어 있다.

「에서는」

ㄱ. 그는 집에서는 아무 일도 하지 않는다.

ㄴ. 논에서는 벼가 잘 자라고 있다.

ㄷ. 밭에서는 고추가 잘 익어 가고 있다.

ㄹ. 운동장에서는 학생들이 놀고 있다.

「에다가는」

ㄱ. 집에다가는 아무것도 두지 아니하였다.

ㄴ. 차에다가는 열쇠를 두지 아니하였는데.

ㄷ. 호주머니에다가는 돈을 넣지 아니하였다.

ㄹ 방에다가는 책을 두지 아니하였다.

「한테다가는」

ㄱ. 아버지한테다가는 아무것도 드리지 아니하였다.

ㄴ. 그는 나한테다가는 아무것도 주지 아니하였다.

ㄷ. 어머니한테다가는 돈을 드렸다.

ㄹ. 그가 너한테다가는 무엇을 주더냐?

「에게는」

ㄱ. 그가 나에게는 돈을 주었다.

ㄴ. 그가 너에게는 무엇을 주더냐?

ㄷ. 아버지에게는 무엇을 드릴까?

ㄹ. 어머니에게는 선물을 드려야 하겠다.

「한테는」

ㄱ. 나한테는 아무것도 주지마.

ㄴ. 너한테는 무엇을 줄까?

ㄷ. 철수한테는 연필을 주었다.

ㄹ. 영희한테는 꽃을 선사하였다.

「으로써는」

ㄱ. 이 책으로써는 공부가 안 되지.

ㄴ. 이 연필로써는 글이 잘 쓰여지지 아니한다.

ㄷ. 그 무딘 칼로써는 연필을 깎을 수 없다.

ㄹ. 저 삽으로써는 땅을 팔 수 없다.

「로서는」

ㄱ. 그로서는 이 문제를 풀 수 없다.

ㄴ. 그이로서는 이 병을 못 고친다.

ㄷ. 사람으로서는 하지 못할 노릇이다.

ㄹ. 학생으로서는 이곳에 오면 안 된다.

「보다는」

ㄱ. 그것보다는 이것이 낫다.

ㄴ. 이것보다는 그것이 낫다.

ㄷ. 영희보다는 금순이가 예쁘지.

ㄹ. 철수보다는 영수가 좋지.

「처럼은」

ㄱ. 나는 너처럼은 할 수 있다.

ㄴ. 너는 철수처럼은 할 수 없을 것이다.

ㄷ. 그는 나처럼은 할 수 있을까?

ㄹ. 영희는 영자처럼은 할 것이다.

「같이는」

ㄱ. 너는 나같이는 못할 것이다.

ㄴ. 그는 너같이는 할 것이다.

ㄷ. 영수는 철수같이는 할 수 있다.

ㄹ. 너는 총을 이같이는 못 만들 것이다.

「만큼은」

  ㄱ. 이만큼은 먹어라.

  ㄴ. 그만큼은 먹을 수 있다.

  ㄷ. 너는 일을 이것만큼은 할 수 있겠니?

  ㄹ. 나는 돈을 너만큼은 벌 수 없다.

「만은」

  ㄱ. 너는 일을 나만은 할 수 있겠니?

  ㄴ. 그래도 돈을 이만은 벌어야지.

  ㄷ. 그는 일을 너만은 못해도 잘 한다.

  ㄹ. 사람은 그래도 이만은 해야지.

「과/와」

  ㄱ. 이것은 그와는 다르다.

  ㄴ. 이 책은 그 책과는 다르다.

  ㄷ. 저것은 이것과는 같다.

  ㄹ. 그는 나와는 성격이 다르다.

「하고는」

  ㄱ. 너하고 나하고는 같으냐?

  ㄴ. 이것하고 저것하고는 다르다.

  ㄷ. 영희하고 철수하고는 같으냐?

  ㄹ. 이 비단하고 저 비단하고는 품질이 같으냐 다르냐?

「으로는」

ㄱ. 그는 방과 후 학원으로는 잘 가지 아니한다.

ㄴ. 그는 학교로는 가지 아니하고 길가에서 논다.

ㄷ. 철수는 서울로는 가지 아니한다.

ㄹ. 영희는 옆길로는 가지 아니한다.

「에게서는」

ㄱ. 아버지에게서는 편지도 오지 아니한다.

ㄴ. 그에게서는 자주 연락이 온다.

ㄷ. 영희에게서는 편지가 자주 온다.

ㄹ. 그이에게서는 아무 연락도 없다.

「한테는」

ㄱ. 너의 아버지한테는 자주 연락이 있느냐?

ㄴ. 그이한테서는 아무 소식도 없다.

ㄷ. 철이한테서는 기쁜 소식이 왔다.

ㄹ. 나한테서는 아무것도 들을 것이 없다.

「으로부터는」

ㄱ. 그로부터는 무슨 소식이 있느냐?

ㄴ. 영희로부터는 아무 소식도 없다.

ㄷ. 철이로부터는 편지가 왔느냐?

ㄹ. 나로부터는 아무것도 바라지 말아라.

「에서부터는」

　　ㄱ. 집에서부터는 가만히 있더니 왜 그래?

　　ㄴ. 학교에서부터는 거리가 멀다.

　　ㄷ. 산에서부터는 비가 오지 아니하였는데.

　　ㄹ. 서울에서부터는 너무나 멀다.

「부터서는」

　　ㄱ. 너부터서는 오지 말아라.

　　ㄴ. 너부터서는 청소를 하여라.

　　ㄷ. 여기부터서는 쓸지를 말아라.

　　ㄹ. 저기부터서는 모를 심지 말아라.

〈58〉「은/는」은 보조조사와 복합조사를 이룬다.

「마디는」

　　ㄱ. 사람마다는 다 손에 태극기를 들고 있었다.

　　ㄴ. 집집마다는 다 다녔다.

　　ㄷ. 학교마다는 모두 운동장이 있다.

　　ㄹ. 이것마다는 다 하여라.

「만은」

　　ㄱ. 너만은 그러지 않겠지.

　　ㄴ. 그이만은 나를 좋아하겠지.

　　ㄷ. 철수만은 영희를 귀여워하겠지.

　　ㄹ. 나만은 그이를 좋아하겠지.

「부터는」

ㄱ. 여기부터는 서울이다.

ㄴ. 거기부터는 너희 땅이다.

ㄷ. 저기부터는 우리 땅이다.

ㄹ. 너부터는 오늘부터 청소를 하지 아니하여도 좋다.

「조차는」

ㄱ. 너조차는 나를 미워하지 않겠지.

ㄴ. 그들조차는 영희를 좋아하겠지.

ㄷ. 너희들조차는 그를 미워하지 않겠지.

ㄹ. 그조차는 내일 같이 가겠지.

「마저는」

ㄱ. 너마저는 그러하지 않겠지.

ㄴ. 그마저는 나를 미워하지 않겠지.

ㄷ. 그마저는 내말을 듣겠지.

ㄹ. 그들마저는 우리를 좋아하겠지.

「밖에는」

ㄱ. 이제 이것밖에는 없다.

ㄴ. 너밖에는 갈 사람이 없다.

ㄷ. 그이밖에는 믿을 사람이 없다.

ㄹ. 나밖에는 너를 이긴 사람은 없다.

「대로는」

ㄱ. 이대로는 해 놓아라.

ㄴ. 너대로는 할 수 없다.

ㄷ. 그이대로는 할 수 있겠니?

ㄹ. 내 말대로는 하여라.

「서는」

ㄱ. 그것은 혼자서는 못 한다.

ㄴ. 너 혼자서는 못 하니?

ㄷ. 나는 혼자서는 할 수 없다.

ㄹ. 그는 혼자서는 할 수 있을까?

「씩은」

ㄱ. 이것 하나씩은 먹을 수 있지?

ㄴ. 하나씩은 가질 수 있다.

ㄷ. 너희들 이것 하나씩은 먹어라.

ㄹ. 이것 하나씩은 가져도 좋다.

〈59〉 '끼리' 뒤에는 「는」이 온다.

ㄱ. 너희들끼리는 잘 놀아라.

ㄴ. 우리들끼리는 여기 있으마.

ㄷ. 너휘들끼리끼리는 여기서 노느냐?

ㄹ. 남자끼리는 남자끼리 놀아라.

ㅁ. 여자끼리는 여자끼리 놀게.

〈60〉 '홀로' 뒤에는 「는」이 온다.

ㄱ. 사람은 홀로는 살 수 없다.

ㄴ. 네 홀로는 이 일을 못 한다.

ㄷ. 그가 홀로는 가지 못할걸.

ㄹ. 일이 홀로는 잘 되나.

ㅁ. 홀로는 어떤 일도 할 수 없다.

〈61〉 서술어가 '~있다' 앞의 주어에는 「은/는」이 온다.

ㄱ. 오늘 나는 집에 있겠다.

ㄴ. 그는 돈이 있다.

ㄷ. 철수는 빚이 있다.

ㄹ. 책은 도서관에 있다.

ㅁ. 그이는 돈이 많이 있다.

〈62〉 서술어 '~이 많다'의 주어에는 조사 「은/는」이 온다.

ㄱ. 그는 돈이 많다.

ㄴ. 책은 도서관에 아주 많다.

ㄷ. 그는 빚이 아주 많다.

ㄹ. 나는 책이 아주 많다.

ㅁ. 너는 할 일이 많다.

〈63〉 서술어 '아니다' 앞의 주어에는 조사 「은/는」이 오고 문장의 주어에는 「이/가」가 온다.

ㄱ. 네가 참된 일꾼은 아니다.
ㄴ. 철수가 훌륭한 군인은 아니다.
ㄷ. 이것은 돈이 아니다.
ㄹ. 네가 참된 사람은 아니다.
ㅁ. 이 개가 충견은 아니다.

〈64〉 무엇을 특히 지정하여 '~은 없다'고 할 때에는 '없다' 앞의 주어에는 「은/는」이 온다.

ㄱ. 그는 빚은 없다.
ㄴ. 그는 다른 결점은 없다.
ㄷ. 철수는 욕심은 없다.
ㄹ. 영희는 허영심은 없다.
ㅁ. 영희는 돈은 없으나 마음은 착하다.

〈65〉 특히 지정하여 말할 때 '왜' 앞의 주어에는 「은/는」이 온다.

ㄱ. 너는 왜 여기 있느냐?
ㄴ. 그는 왜 우느냐?
ㄷ. 철수는 왜 가느냐?
ㄹ. 너는 왜 오느냐?
ㅁ. 비는 왜 와 쌓는지.

〈66〉 서술어가 '어떠하다'이면 그 앞의 주어에는 조사 「은/는」이 온다.

ㄱ. 이것은 어떠하며 저것은 어떠하냐?

ㄴ. 너는 요즈음 어떠하냐?

ㄷ. 그는 몸이 어떠하냐?

ㄹ. 그는 요즈음 어떻게 지내니?

ㅁ. 너는 기분이 어떠하냐?

〈67〉 '누구'가 서술어가 될 때 그 앞의 주어에는 조사 「은/는」이 온다.

ㄱ. 너는 누구냐?

ㄴ. 그는 누구냐?

ㄷ. 나는 누구고 너는 누구냐?

ㄹ. 저 사람은 누구냐?

ㅁ. 저 순경은 누구냐?

〈68〉 서술어가 '언제'이고 주어를 특히 지정하여 말할 때는 조사 「은/는」이 온다.

ㄱ. 네 생일은 언제냐?

ㄴ. 네 졸업은 언제냐?

ㄷ. 네 결혼은 언제냐?

ㄹ. 철수의 수학여행은 언제이냐?

ㅁ. 영희의 잔칫날은 언제냐?

〈69〉 서술어가 '어디'이고 주어를 특히 지정하여 말할 때는 조사 「은/는」이 온다.

ㄱ. 여기는 어디며 저기는 어디냐?
ㄴ. 서울은 어디냐?
ㄷ. 부여는 어디쯤인가?
ㄹ. 너의 학교는 어디이냐?
ㅁ. 부산은 어디쯤인가?

〈70〉 서술어에 따라 '기명사법'에는 조사 「은/는」이 온다.

ㄱ. 아름답기는 여기가 제일이다.
ㄴ. 그미는 예쁘기는 하다.
ㄷ. 아이, 예쁘기는 하여라.
ㄹ. 그는 밉기는 하다마는 착하다.
ㅁ. 여기 오기는 처음이다.

〈71〉 특히 분별하고자 할 뿐만 아니라 지정하여 말할 때는 목적어에 「은/는」을 붙인다.

ㄱ. 그는 책은 잘 읽는다.
ㄴ. 철수는 돈은 잘 쓴다.
ㄷ. 그는 공부는 전혀 안 한다.

ㄹ. 그는 돈은 잘 번다.

ㅁ. 그는 밥은 잘 먹는다.

〈72〉 특히 화제로 제시하는 말에는 조사 「은/는」을 붙인다.

ㄱ. '거북선'은 이순신 장군이 만들었다.

ㄴ. '비행기'는 라이트 형제가 발명했다.

ㄷ. '찔레꽃'은 희다.

ㄹ. '무궁화'는 우리나라꽃이다.

ㅁ. '미대륙'은 콜럼버스가 발견하였다.

〈73〉 꾸미는 절의 주어에는 「이/가」가 오고 꾸밈을 받는 주어에는 「은/는」이 온다.

ㄱ. 얼굴이 검은 사람은 얼굴이 흰 사람보다 인도 출신의 할머니의 유전인자를 더 많이 지니고 있는 사람이다.

ㄴ. 학창시절이 끝난다는 것은 참으로 아쉬운 일이 아닐 수 없다.

ㄷ. 우리가 탄 기차는 어느덧 대전역에 도착하였다.

ㄹ. 그 물고기가 그려져 있는 것은 알긴 알지예.

ㅁ. 허황옥이라는 여인의 고향이 인도라는 말은 나에게는 중요한 사실이었다.

〈74〉 앞 절의 주어에 「이/가」가 오면 뒷 절의 주어에는 「은/는」이 온다.

ㄱ. 지붕 하나에 문 세 개가 나란히 붙어 있었는데, 문은 모두 닫혀 있었다.

ㄴ. 세월이 많이 흐른 다음 나는 와룽에서는 정면으로 마주보고 절을 하지 않는다는 것을 알게 되었다.

ㄷ. 어쩌나 냄새가 지독한지 병섭이 저 자식은 먹을 때마다 오만 상을 찌푸렸지.

ㄹ. 언젠가는 코우프 씨가 당신의 과거를 분명히 물어 볼 것이고 당신은 그에게 대답하지 않으면 안 될 거예요.

ㅁ. 양코배기가 오면 나는 냄새가 나서 같이 못 있는다.

ㅂ. 왕의 마음 씀씀이가 소에게까지 미쳤으면서도 백성들에게 나타나지 않는 것은 무슨 까닭입니까?

ㅅ. 외국산 소고기가 수입 5년만ㄴ에 다른 곳도 아닌 축협에서 한우 고기보다 더 많이 팔리는 걸 볼 때 수입개방 뒤 농촌 파탄은 불 보듯 뻔해요.

ㅇ. 해태가 4전 전승이면 한호는 2승 1패를 해야 마지노선인 3게임 차가 된다.

〈75〉 '~처음이다', '~은 ~이다'로 문장이 끝맺을 때, 그 앞이 주어에는 조사 「은/는」이 온다.

ㄱ. 부처님의 득도 과정이 그려져 있는 것은 보았지만 이런 종류의 그림은 처음이었다.

ㄴ. 내가 그를 만난 것은 이번이 처음이었다.

ㄷ. 졸업 후 우리가 만난 것은 처음이었지?

ㄹ. 그가 일등한 것은 처음이다.

ㅁ. 내가 그를 만난 것은 이번이 처음이다.

〈76〉 서술어가 '~했다', '~하다' 등으로 될 때 그 앞의 주어에는 「은/는」을 붙인다.

ㄱ. 삼국유사에서 가락국가를 찾기는 했지만 첫 페이지에서부터 나는 손을 들지 않을 수 없었다.
ㄴ. 나는 서울에 도착하기는 했으나 그의 집을 찾을 수 없었다.
ㄷ. 그는 공부하기는 한다.
ㄹ. 금강산이 아름답기는 하다.
ㅁ. 나는 공부를 하기는 하였으나 성적은 별로 오르지 아나하였다.

〈77〉 어떤 사례를 서수사를 들어 차례를 매겨가며 말할 때는 그 서수사 다음에는 조사 「은/는」이 온다.

ㄱ. 나는 그를 사랑한다. 왜냐하면 첫째는 그가 성실하고 정직하며 둘째는 매사에 열성이며 셋째는 머리가 좋고 독창적이며 넷째는 자율적이며 다섯째는 솔선수범하기 때문이다.
ㄴ. 모든 사람은 봄을 좋아한다. 왜냐하면 첫째는 날씨가 온화하고 둘째는 꽃이 피고 셋째는 잎이 피며 넷째는 놀기 좋은 계절이기 때문이다.
ㄷ. 그는 공부하기를 좋아한다. 왜냐하면 첫째는 남의 존경을 받고 둘째는 실력이 향상되고 셋째는 좋은 대학에 진학할 수 있기 때뮤이다.
ㄹ. 내가 그를 싫어하는 까닭은 첫째는 게으르고 둘째는 거짓말을

잘 하고 셋째는 돈만 낭비하고 넷째는 고집불통이기 때문이다.

ㅁ. 내가 그를 좋아하는 까닭은 첫째는 정직하고 둘째는 부지런하고 셋째는 양심적이며 넷째는 옳은 말만 하기 때문이다.

〈78〉 날짜나 시일을 나타내는 말이 문장 앞에서 부사어로 쓰이면 그에는 조사 「은/는」이 쓰인다.

ㄱ. 오늘은 네가 몇 시에 일어났느냐?
ㄴ. 내일은 그의 생일이다.
ㄷ. 모래는 오일장이 서는 날이다.
ㄹ. 금년은 풍년이 들어 참으로 기분이 좋다.
ㅁ. 작년은 흉년이 들어 모든 사람이 고생을 하였다.

〈79〉 몇 개의 절을 나열할 때 각 절의 주어에는 조사 「은/는」을 붙인다.

ㄱ. 혈압은 올라가고 마른기침은 심해 오고 아주 괴롭다.
ㄴ. 배는 고프고 다리는 아프고 걸을 힘이 없다.
ㄷ. 길은 멀고 해는 저물고 머물 곳도 없구나.
ㄹ. 걸을 수는 없고 차는 오지 아니하니 걱정이로다.
ㅁ. 눈은 오고 길은 미끄럽고 갈 수가 없다.

〈80〉 서술어가 형용사이고 그 앞에 주어가 하나가 와서 지정의 뜻을 나타낼 때 조사는 「은/는」이 온다.

ㄱ. 그는 착하다.

ㄴ. 날씨는 맑으나 춥다.

ㄷ. 손은 미우나 솜씨는 좋다.

ㄹ. 꽃은 향기롭다.

ㅁ. 꽃은 아름답지 아니하나 매우 향기롭다.

〈81〉 문장의 주제어에는 「은/는」이 오고 주제어를 설명하는 절의 주어에는 「이/가」가 온다.

ㄱ. 문화중심지는 두 군데를 들 수 있는데, 하나가 내가 갔던 토론토 이고 또 하나가 몬트리올입니다.

ㄴ. 필수과목은 몇 개가 있는데, 내가 선택한 과목이 교양국어와 영어 이다.

ㄷ. 할머니는 내가 나이가 들어서 자라서야 내가 아버지와 똑같다고 하셨다.

ㄹ. 선택과목은 여러 개가 있는데, 내가 선택한 과목이 열 개가 된다.

〈82〉 주제어가 두 개 연결될 때는 'A와 B은/는'의 형식으로 된다.

ㄱ. 김해 김씨와 김해 허씨는 같은 조상의 후손이라는 믿음 때문에 2천년이 지난 오늘날도 서로 혼인하지 않는다.

ㄴ. 김해 김씨와 김해 허씨는 수로왕 한 사람의 자손이므로 서로 혼인 하지 않는 것이 오랜 전통으로 되어 있다.

ㄷ. 너와 나는 둘도 없는 친구이다.

ㄹ. 칼과 연필은 학용품이다.

ㅁ. 동쪽과 서쪽은 그 방향이 서로 다르다.

〈83〉 대명사 '저'가 주어가 되면 조사 「은/는」이 온다.

ㄱ. 여성계에선 이미 오래 전부터 대화가 잘 되고 있다고 저는 확신합
　　니다.
ㄴ. 저는 오늘 서울 갑니다.
ㄷ. 비가 오면 저는 집에서 공부를 합니다.
ㄹ. 저는 매일 학교에 갑니다.
ㅁ. 저는 학교에서는 공부하고 집에서는 어머니를 도웁니다.

〈84〉 대명사 '자네'가 주어가 되면 조사 「은/는」이 오는 일이 있다.

ㄱ. 옛동무가 찾아왔지만 자네는 쓴 술 한잔 낼 생각을 않네그려.
ㄴ. 자네는 나의 친구야 친구.
ㄷ. 자네는 어디로 가는가?
ㄹ. 자네는 여기 살고 그는 어디 사느냐?
ㅁ. 그때 자네는 이 학교의 교사였지?

〈85〉 조사를 나열할 때는 조사는 「은/는」이 온다.

ㄱ. 하나는 무엇이고 둘은 무엇이냐?
ㄴ. 네가 말하는 것 중 하나는 누구의 이야기이며 둘은 누구의 이야기
　　이냐?
ㄷ. 너는 하나는 알고 둘은 모른다.

ㄹ. 백은 열보다 많고 천은 백보다 많다.

ㅁ. 이것들 중 하나는 내 것이요, 둘은 네 것이다.

〈86〉 말을 '~이라고' 나열하여 말할 때는 그 주어에는 조사 「은/는」이 온다.

ㄱ. 영희는 얼굴은 예쁜데, 손은 안 예쁘다.

ㄴ. 나는 한 언어의 문법은 상징 자원의 목록을 화자에게 제공하는 것으로 생각한다.

ㄷ. 74살까지는 나는 몸이 아프다는 것은 느꼈지 피곤하다는 것은 거의 느끼지 않았다.

ㄹ. 아마 가운데 문은 보통 때는 쓰지 않는 모양이었다.

ㅁ. 월나라의 새는 남녘의 나뭇가지를 생각하고 호마는 북풍을 그리워하는 것이니 이는 그 본바탕을 잊지 않기 때문이다.

〈87〉 '~가 ~하다'로 끝나는 문장에서는 주어에 조사 「은/는」이 온다.

ㄱ. 여성범죄는 빈곤범죄가 아니라면 거의 대부분 여가를 처리하지 못해 발생하는 것이다.

ㄴ. 여성은 개성을 가질 필요가 없다고 역설하고 있는 것이다.

ㄷ. 여야 4당 구조는 지역당의 이미지가 강하다.

ㄹ. 여자 피부는 스무 살부터 노화가 시작된다는 거 모르지?

ㅁ. 여자의 최상은 현모양처가 되는 것이다.

〈88〉 '왜냐하면' 뒤에 오는 주어에는 조사 「은/는」이 온다.

ㄱ. 왜냐하면 첫째로 그것은 추위를 타지 않고 구태여 한풍을 택해서 피기 때문이다.

ㄴ. 그가 벌을 선 것은 왜냐하면, 그는 이유없이 결석을 했기 때문이다.

ㄷ. 왜냐하면 나는 몸이 좀 안 좋아서 학교에 가지 아니하였다.

ㄹ. 왜냐하면 나는 시험을 잘 보지 못하여 걱정이기 때문이다.

ㅁ. 왜냐하면 그는 결석을 하여서 꾸중을 들었다.

〈89〉 두 주어가 '하고'로 이어질 때 '하고' 뒤의 주어에는 조사 「은/는」이 온다.

ㄱ. 에바파운드하고 에바파운드는 또 교묘하게 한 사람이지요.

ㄴ. 너하고 나는 다정한 친구이다.

ㄷ. 책하고 연필은 학생에게는 필수품이다.

ㄹ. 철수하고 영희는 사랑하는 사이이다.

ㅁ. 소풍 갈 때 도시락하고 과일은 반드시 가지고 가야 한다.

〈90〉 격언의 주어에는 조사 「은/는」이 온다.

ㄱ. 인생은 짧고 예술은 길다.

ㄴ. 세월은 유수와 같다.

ㄷ. 새는 새는 남게 자고 우리 같은 어린이는 엄마 품에 잠을 잔다.

ㄹ. 사람은 죽어서 이름을 남기고 호랑이는 죽어서 가죽을 남긴다.

ㅁ. 말은 은이요, 침묵은 금이다.

〈91〉 서술절이 '~이 길다', '~이 짧다'일 때 그 주어에는 조사 「은/는」이 온다.

    ㄱ. 코끼리는 코가 길다.

    ㄴ. 캥거루는 뒷발이 길다.

    ㄷ. 토끼를 뒷발이 길다.

    ㄹ. 철수는 팔이 길다.

    ㅁ. 황새는 다리가 길다.

    ㅂ. 홍학은 다리가 길다.

    ㅅ. 캥거루는 앞발이 짧다.

    ㅇ. 토끼는 앞발이 짧다.

    ㅈ. 영희는 다리가 짧다.

    ㅊ. 코끼리는 꼬리가 짧다.

    ㅋ. 하마는 꼬리가 짧다.

〈92〉 서술절이 '~이 크다', '~이 작다'일 경우 그 주어에는 조사 「은/는」이 온다.

    ㄱ. 철수는 머리가 크다.

    ㄴ. 영희는 손이 크다.

    ㄷ. 도둑놈은 발이 크다.

    ㄹ. 중국 여자는 발이 작다.

    ㅁ. 여우는 눈이 작다.

    ㅂ. 우리나라는 미국에 비해 작다.

    ㅅ. 영미는 눈이 작다.

ㅇ. 코끼리는 몸집이 크다.

ㅈ. 하마는 몸집이 크다.

〈93〉 어떤 종류의 부사가 오면 그 문장의 주어에는 조사 「은/는」이 온다.

(1) 과거의 시간부사 '아까', '하마'가 오는 문장에서는 그 주어에는 조사 「은/는」이 온다.

ㄱ. 그는 아까 떠났다.

ㄴ. 그는 아까 왔다.

ㄷ. 철수는 아까 학교에 갔다.

ㄹ. 그는 밥을 아까 먹었다.

ㅁ. 그는 아까 차로 떠났다.

ㅂ. 그는 하마 떠났겠다.

ㅅ. 영희는 하마 일어났겠다.

ㅇ. 그는 하마 왔겠다.

ㅈ. 그는 하마 갔을 것이다.

ㅊ. 그는 하마 일을 끝냈을까?

(2) 과거의 시간부사 '이미', '벌써'가 문장에 오면 그 문장의 주어에는 조사 「은/는」이 온다.

ㄱ. 그는 이미 떠났다.

ㄴ. 그는 이미 어제 떠났다.

ㄷ. 봄은 이미 왔다.

ㄹ. 꽃은 이미 피었다.

ㅁ. 진달래는 이미 졌다.

ㅂ. 강남 제비는 벌써 왔다.

ㅅ. 그는 벌써 갔구나.

ㅇ. 너는 벌써 왔니?

ㅈ. 그는 밥을 벌써 먹었다.

ㅊ. 그들은 벌써 떠났다.

(3) 과거의 시간부사 '일찍', '어제', '그끄께', '그저께' 등이 오면 그 문장의 주어에는 조사 「은/는」이 온다.

ㄱ. 그는 일찍 이곳을 떠났다.

ㄴ. 그들은 일찍 이별하였다.

ㄷ. 그는 일찍 죽었다.

ㄹ. 철수는 며칠 전에 일찍 떠났다.

ㅁ. 그는 일찍 이곳을 하직하였다.

ㅂ. 그는 어제 서울로 떠났다.

ㅅ. 나는 어제 일찍 잤다.

ㅇ. 너는 어제 무엇을 하였나?

ㅈ. 나는 어제 공부를 하였다.

ㅊ. 그는 어제 서울로 가더라.

ㅋ 그들은 그끄께 이리로 이사를 왔다.

ㅌ. 그는 그끄께 어디론가 이사를 갔다.

ㅍ. 철수는 그끄께 유학을 갔다.

ㅎ. 영미는 그러께 시집을 갔다.

ㄱ'. 영희는 그러께 유학을 마쳤다.

ㄴ'. 그는 그저께 떠났다.

ㄷ'. 그는 그저께 서울 갔다.

ㄹ'. 나는 그저께 부산 갔다 왔다.

ㅁ'. 너는 그저께 어디 갔더냐?

ㅂ'. 그는 어저께 집에서 놀았다.

(4) 현재의 시간부사 '이제', '인제', '방금', '금방', '금새', '오늘' 등이 오는 문장에서의 주어에는 조사 「은/는」이 온다.

ㄱ. 나는 이제 집으로 간다.

ㄴ. 나는 이제 일을 마쳤다.

ㄷ. 너는 이제 뭘 하겠니?

ㄹ. 그는 이제 공부할 것이다.

ㅁ. 철수는 이제 학교 가겠지.

ㅂ. 인제 너는 혼날 것이다.

ㅅ. 인제 어디 가나?

ㅇ. 해 다 졌는데, 인제 뭘 하나?

ㅈ. 인제 어서 가자.

ㅊ. 인제 어서 먹자.

ㅋ. 그는 방금 왔다.

ㅌ. 그는 방금 밥을 먹었다.

ㅍ. 그는 방금 왔는데?

ㅎ. 그는 방금 떠났다.

ㄱ'. 그는 방금 서울 갔다.

ㄴ'. 나는 금방 그를 보았는데?

ㄷ'. 나는 금방 밥을 먹었다.

ㄹ'. 그는 금방 여기 있었다.

ㅁ'. 그는 금방 학교 갔다.

ㅂ'. 너는 금방 어디 있었나?

ㅅ'. 너는 금새 뭐라 했나?

ㅇ'. 너는 금새 어디 갔더냐?

ㅈ'. 너는 금새 어디 있었나?

ㅊ'. 너는 금새 어디 갔다 왔나?

ㅋ'. 그는 금새 여기 있었는데?

ㅌ'. 나는 오늘 집에 있었다.

ㅍ'. 너는 오늘 뭘 했니?

ㅎ'. 나는 오늘 일을 했다.

ㄱ". 나는 오늘 놀았다.

ㄴ". 그는 오늘 낮잠을 잤다.

(5) 미래 시간부사 '차차', '점점', '내일', '다음', '훗날' 등이 오면 그 문장의 주어에는 조사 「은/는」이 온다.

ㄱ. 그는 차차 맑아졌다.

ㄴ. 날씨는 차차 맑아졌다.

ㄷ. 그는 차차 부자가 되겠지.

ㄹ. 그는 차차 건강해지겠지.

ㅁ. 날씨는 차차 추워지는데, 식량은 없고 큰일 났다.

ㅂ. 해는 점점 지고 갈 길은 먼데 야단났다.

ㅅ. 배는 점점 고파 오고 배는 점점 저물어 간다.

ㅇ. 길은 점점 멀어지는구나.

ㅈ. 술은 점점 취해 오고 야단이다.

ㅊ. 나이를 먹으니, 눈은 점점 멀어 온다.

ㅋ. 나는 내일 학교에 간다.

ㅌ. 너는 내일 어디 갈래?

ㅍ. 그는 내일 서울 간다.

ㅎ. 그는 내일 온단다.

ㄱ'. 영희는 내일 올까?

ㄴ'. 너는 이 다음 무엇을 할래?

ㄷ'. 이 일 다음 너는 무엇을 할래?

ㄹ'. 훗날 너는 무엇이 될래?

ㅁ'. 그는 훗날 대장이 될 것이다.

ㅂ'. 영희는 훗날 잘 살 것이다.

ㅅ'. 그는 훗날 학자가 되겠지.

ㅇ'. 우리는 훗날을 기약하자.

(6) 때의 길이를 나타내는 시간부사 중 '잠시', '잠깐', '곧', '늘', '항상', '오래' 등이 쓰이는 문장에서는 그 주어에 조사 「은/는」이 온다.

ㄱ. i. 그는 잠시 여기에 머물고 있다.

   ii. 그는 잠깐 여기에 머물고 있다.

ㄴ. i. 그는 어제 잠깐 왔다가 갔다.

ⅱ. 그는 어제 잠시 왔다가 갔다.

ㄷ. ⅰ. 그는 내일 잠시 여기에 들릴 것이다.

ⅱ. 그는 내일 잠깐 여기에 들릴 것이다.

ㄹ. ⅰ. 우리는 잠시 쉬어서 가자.

ⅱ. 우리는 잠깐 쉬어서 가자.

ㅁ. ⅰ. 우리는 여기서 잠깐 쉬자.

ⅱ. 우리는 여기서 잠시 쉬자.

ㅂ. ⅰ. 그는 곧 갔다.

ⅱ. 그는 어제 곧 떠났다.

ⅲ. 그는 곧 갈 것이다.

ⅳ. 그는 내일 와서 곧 가겠다.

ⅴ. 그는 곧 출세할 것이다.

ㅅ. ⅰ. 그는 늘 여기에 있다.

ⅱ. 그는 늘 연구실에 박혀 있다.

ⅲ. 그는 늘 놀고 지낸다.

ⅳ. 그는 늘 여기에 산다.

ⅴ. 그는 늘 골프만 친다.

ㅇ. ⅰ. 그는 항상 노래만 부른다.

ⅱ. 철수는 항상 일만 한다.

ⅲ. 그는 항상 놀고 먹는다.

ⅳ. 그는 항상 여기에 살겠다.

ⅴ. 그는 항상 즐겁게 산다.

ㅈ. ⅰ. 그는 오래 여기에 산다.

ⅱ. 그는 오래 서울에 살았다.

ⅲ. 그는 오래 여기 살겠다.

iv. 나는 오래 여기 살았다.

v. 그 어른은 오래오래 살았다.

(7) 사건때 현재와 과거의 동안을 다 나타내는 시간부사에는 '얼핏'이 있는데, 이 부사가 오는 문장에서의 주어에는 조사 「은/는」이 온다.

ㄱ. 그는 얼핏 나를 보았다.

ㄴ. 그는 어제 얼핏 나를 쳐다보았다.

ㄷ. 영희는 얼핏 철수를 보고는 달아났다.

ㄹ. 나는 얼핏 실수를 잘 한다.

ㅁ. 그는 얼핏 나를 보고는 저쪽을 쳐다보았다.

(8) 관련시점이 과거부터 현재까지, 현재에서 오랜 미래까지의 동안을 나타내는 시간부사에는 '영영', '영원히', '영구히' 등이 있는데, 이들이 오는 문장의 주어에는 조사 「은/는」이 온다.

ㄱ. i. 그는 영영 돌아오지 않았다.

ii. 그는 영영 헤어지고 말았다.

iii. 그는 부모를 영영 돌보지 않았다.

iv. 나는 그 일에 대하여 영영 잊어버리고 말았다.

v. 우리는 영영 헤어지지 말자.

ㄴ. i. 우리는 영원히 조국을 사랑할 것이다.

ii. 조국은 영원히 빛나리라.

iii. 우리는 영원히 변치 말자.

ⅳ. 너희는 영원히 사랑하여라.

ⅴ. 우리는 영원히 사랑하자.

ㄷ. ⅰ. 그들은 영구히 돌아오지 않았다.

ⅱ. 조국은 영구히 빛나리라.

ⅲ. 우리는 영구히 조국을 사랑한다.

ⅳ. 우리의 공훈은 영구히 빛나리라.

ⅴ. 너의 업적은 영구히 역사에 남으리라.

(9) 앞선 때를 나타내는 시간부사에는 '일찍', '먼저'가 있다. 이들 부사가 오는 문장의 주어에는 조사 「은/는」이 온다.

ㄱ. 그는 오늘 일찍 갔다.

ㄴ. 그는 어제 먼저 떠났다.

ㄷ. 너는 내일 일찍 가거라.

ㄹ. 나는 내일 먼저 가겠다.

ㅁ. 너는 내일 먼저 가거라.

(10) 같을 때를 나타내는 시간부사에는 '같이', '함께', '한꺼번에'… 등이 있는데, 이들 부사가 오는 문장의 주어에는 조사 「은/는」이 온다.

ㄱ. 그는 영희와 같이 떠났다.

ㄴ. 그들은 밥을 한꺼빈에 다 먹었다.

ㄷ. 그는 어제 우리와 함께 떠났다.

ㄹ. 철수는 내일 그와 같이 떠날 것이다.

ㅁ. 그들은 내일 한꺼번에 떠날 것이다.

ㅂ. 나는 내일 철수와 함께 떠날 것이다.

(11) 뒤선 때를 나타내는 부사에는 '나중'이 있는데, 이 부사가 오는 문장의 주어에는 조사 「은/는」이 온다.

ㄱ. 그는 나중 갈 것이다.

ㄴ. 그는 다들 가고 나서 나중 떠났다.

ㄷ. 그는 항상 나중 온다.

ㄹ. 그는 항상 나중 떠났다.

ㅁ. 그는 언제나 밥을 나중 먹는다.

(12) 사건때가 현재이거나 과거이면서 사건이 얼마 동안 되풀이됨을 나타내는 번수 시간부사에는 '가끔', '매일', '매번', '매양', '처음', '번번이', '자주', '비로소' 등의 시간부사가 오는 문장의 주어에는 조사 「은/는」이 온다.

ㄱ. 나는 가끔 서울에 간다.

ㄴ. 그는 가끔 나를 찾아 왔다.

ㄷ. 그는 매일 학교에 간다.

ㄹ. 어려서 그는 매일 유치원에 갔다.

ㅁ. 나는 매번 그를 만났다.

ㅂ. 나는 학교시절에 매번 지각했다.

ㅅ. 그는 매양 한결같다.

ㅇ. 그는 매양 착하다.

ㅈ. 나는 그 일을 처음 알았다.

ㅊ. 그는 나를 처음 만났을 때부터 애를 먹였다.

ㅋ. 그는 번번이 말썽을 부렸다.

ㅌ. 그는 학생시절에 번번이 일등을 하였다.

ㅍ. 그는 사주 산보를 한다.

ㅎ. 그는 자주 나를 찾아왔다.

ㄱ'. 나는 오늘 비로소 그 사실을 알았다.

ㄴ'. 그는 내가 말하니까, 그때 비로소 나를 믿기 시작했다.

(13) 이야기때가 현재이면서 관련때가 현재나 과거일 때 시간부사에는 '아직', '드디어'가 오는데, 이들 문장의 주어에는 조사「은/는」이 온다.

ㄱ. 그는 아직 학교에 가지 않는다.

ㄴ. 그는 아직 일어나지 않았다.

ㄷ. 나는 드디어 그의 비밀을 알았다.

ㄹ. 영희는 드디어 그와 사귀게 되었다.

ㅁ. 그는 드디어 일등을 하였다.

(14) 방향부사에는 '이리', '그리', '저리'가 있는데, 이 조사가 오는 문장의 주어에는 조사「은/는」이 온다.

ㄱ. 너는 이리 오너라.

ㄴ. 철수는 요리 앉아라.

ㄷ. 나는 그리 안 가고 이리 왔다.

ㄹ. 너는 그리 가거라.

ㅁ. 그는 저리 갔다.

ㅂ. 언니는 나에게 저리 가라고 하였다.

(15) 상태부사가 오는 문장의 주어에는 조사 「은/는」이 온다.

ㄱ. 그는 각중에 달아났다.

ㄴ. 그는 일을 못 한다.

ㄷ. 그는 멀리 갔다.

ㄹ. 그는 풍부히 산다.

ㅁ. 그는 부지런히 일한다.

ㅂ. 영수는 태연히 앉아 있다.

ㅅ. 철수는 쉽사리 고시에 합격했다.

ㅇ. 우리는 그를 높이 받들었다.

ㅈ. 그는 슬그머니 나갔다.

(16) 진실부사가 오는 문장의 주어에는 조사 「은/는」이 온다.

ㄱ. 너는 진실로 착하다.

ㄴ. 그는 진실히 살고 있다.

ㄷ. 그는 참으로 점잖다.

ㄹ. 철수는 정말로 가느냐?

ㅁ. 그는 정말로 잘 논다.

(17) 지시부사가 오는 문장의 주어에는 조사 「은/는」이 온다.

ㄱ. 철이는 이리 까분다.

ㄴ. 그미는 이리 예쁘다.

ㄷ. 영희는 그리 일을 잘 한다.

ㄹ. 그는 언제나 고리 착하다.

ㅁ. 철수는 밤낮 그리 까분다.

ㅂ. 철수는 밤낮으로 저리 야단이다.

ㅅ. 그는 조리 착하다.

ㅇ. 너는 어찌 그리 늦으냐?

ㅈ. 그는 어찌 그러는지 모르겠다.

ㅊ. 그는 아무리 달래도 말을 듣지 않는다.

ㅋ. 그는 아무리 말하여도 듣지 않는다.

(18) 정도부사가 오는 문장의 주어에는 조사 「은/는」이 온다.

「제일」

ㄱ. 그는 일을 제일 잘 한다.

ㄴ. 그는 제일 악질이다.

ㄷ. 금강산은 우리날에서 제일 아름답다.

ㄹ. 논은 이 지방이 제일 많다.

ㅁ. 그는 우리반에서 제일 착하다.

「가장」

ㄱ. 너는 우리반에서 가장 착하다.

ㄴ. 미국은 가장 강국이다.

ㄷ. 철수는 영희를 가장 사랑한다.

ㄹ. 철수는 가장 잘 일한다.

ㅁ. 철수는 가장 얄밉다.

「훨씬」

ㄱ. 영희는 철수보다 공부를 훨씬 잘 한다.

ㄴ. 영수는 철이보다 훨씬 둔재이다.

ㄷ. 그는 영희보다 나를 훨씬 믿는다.

ㄹ. 아버지는 영희를 훨씬 사랑한다.

ㅁ. 나는 국어보다 영어를 훨씬 좋아한다.

「훨썩」

ㄱ. 그는 너보다 훨썩 착하다.

ㄴ. 영희는 영수보다 노래를 훨썩 잘 부른다.

ㄷ. 영수는 너를 훨썩 믿는다.

ㄹ. 그는 너보다 훨썩 크다.

ㅁ. 철수는 너보다 훨썩 점잖다.

「지극히」

ㄱ. 너는 나라를 지극히 사랑하는구나.

ㄴ. 그는 성질이 지극히 착하다.

ㄷ. 영희는 영수보다 지극히 성실하다.

ㄹ. 그는 성질이 지극히 나쁘다.

ㅁ. 그는 지극히 성실하다.

「굉장히」

　ㄱ. 그는 나를 굉장히 사랑한다.

　ㄴ. 그는 일을 굉장히 잘 한다.

　ㄷ. 그는 굉장히 천재이다.

　ㄹ. 꽃이 굉장히 아름답다.

　ㅁ. 나무가 굉장히 무성하다.

「너무」

　ㄱ. 그는 너무 먹는다.

　ㄴ. 그미는 너무 아름답다.

　ㄷ. 영희는 거기 너무 간다.

　ㄹ. 그는 키가 너무 크다.

　ㅁ. 그는 너무 까분다.

「워낙」

　ㄱ. 이 옷은 워낙 좋다.

　ㄴ. 그는 워낙 일을 해서 허리가 굽었다.

　ㄷ. 그는 워낙 공부를 잘 한다.

　ㄹ. 그는 워낙 많이 먹는다.

　ㅁ. 철수는 워낙 착하다.

「하도」

　ㄱ. 그미는 하도 착해서 남의 칭찬을 많이 받는다.

　ㄴ. 그는 하도 일해서 허리가 굽었다.

　ㄷ. 그는 하도 나빠서 나는 싫어한다.

ㄹ. 나는 하도 바빠서 그냥 갔다.

ㅁ. 나는 하도 배가 고파서 걷지를 못했다.

「대단히」

ㄱ. 그는 대단히 착하다.

ㄴ. 철수는 대단히 노력한다.

ㄷ. 그는 대단히 악질이다.

ㄹ. 그는 대단히 얄밉다.

ㅁ. 그는 대단히 훌륭하다.

「몹시」

ㄱ. 그는 몹시 점잖다.

ㄴ. 그는 몹시 먹는다.

ㄷ. 철수는 거기 몹시 잘 간다.

ㄹ. 그는 일을 몹시 한다.

ㅁ. 그는 몹시 까분다.

「한결」

ㄱ. 그미는 영희보다 한결 아름답다.

ㄴ. 그는 나보다 일을 한결 많이 한다.

ㄷ. 그는 나보다 한결 영희를 사랑한다.

ㄹ. 그는 나보다 한결 잘 났다.

ㅁ. 철수는 그이보다 한결 착하다.

「많이」

   ㄱ. 그는 일을 많이 한다.

   ㄴ. 그는 너무 많이 먹는다.

   ㄷ. 철수는 책을 많이 샀다.

   ㄹ. 창문을 너무 많이 열었다.

   ㅁ. 그는 너무 많이 싸운다.

「전혀」

   ㄱ. 그는 이 문제에 대하여 전혀 모른다.

   ㄴ. 그것은 이것과 전혀 다르다.

   ㄷ. 그는 전혀 착하지 않다.

   ㄹ. 비는 전혀 오지 않았다.

   ㅁ. 그는 요즈음 전혀 오지 않는다.

「무척」

   ㄱ. 그는 무척 먹는다.

   ㄴ. 영미는 무척 예쁘다.

   ㄷ. 그는 무척 잘 먹는다.

   ㄹ. 그는 무척 착하다.

   ㅁ. 그는 무척 까분다.

「심히」

   ㄱ. 그는 심히 잘 걷는다.

   ㄴ. 그미는 심히 착하다.

   ㄷ. 그는 심히 나를 믿는다.

ㄹ. 그는 심히 점잖다.

ㅁ. 그는 심히 노력한다.

「매우」

ㄱ. 영희는 매우 예쁘다.

ㄴ. 그는 매우 잘 걷는다.

ㄷ. 철수는 매우 많이 먹는다.

ㄹ. 철이는 그를 매우 믿는다.

ㅁ. 그는 철수를 매우 싫어한다.

「아주」

ㄱ. 그는 아주 잘 걷는다.

ㄴ. 영희는 아주 예쁘다.

ㄷ. 영미는 아주 나를 믿는다.

ㄹ. 그는 공부를 아주 잘 한다.

ㅁ. 철수는 영희를 아주 사랑한다.

「거진」

ㄱ. 그것은 거진 이것과 같다.

ㄴ. 여기는 거진 서울에 가깝다.

ㄷ. 그들은 매일 거진 싸우며 산다.

ㄹ. 그는 거진 다 죽어 간다.

ㅁ. 비는 거진 그쳤다.

「거의」

ㄱ. 그는 거의 다 죽어간다.

ㄴ. 쌀은 거의 다 없어졌다.

ㄷ. 그가 흘린 땀은 거의 한 되가 된다.

ㄹ. 그것은 이것과 거의 같다.

ㅁ. 이것은 거의 한 섬이나 된다.

「상당히」

ㄱ. 그는 상당히 예쁘다.

ㄴ. 철수는 상당히 많이 먹는다.

ㄷ. 그는 나를 상당히 믿는다.

ㄹ. 그는 상당히 기분이 좋다.

ㅁ. 오늘은 상당히 덥다.

「꽤」

ㄱ. 그는 꽤 많이 걸었다.

ㄴ. 철수는 꽤 믿음직하다.

ㄷ. 그는 영희를 꽤 사랑한다.

ㄹ. 그는 꽤 먹는다.

ㅁ. 영희는 꽤 착하다.

「퍽」

ㄱ. 영희는 퍽 아름답다.

ㄴ. 영수는 퍽 잘 걷는다.

ㄷ. 철수는 퍽 많이 먹는다.

ㄹ. 그는 나를 퍽 믿는다.

ㅁ. 그는 퍽 잘 났다.

「제법」

ㄱ. 그는 제법 걷는다.

ㄴ. 영희는 제법 나를 믿는다.

ㄷ. 영수는 제법 예쁘다.

ㄹ. 그는 제법 잘 났다.

ㅁ. 그는 제법 아는 척한다.

「어지간히」

ㄱ. 그는 어지간히 착하다.

ㄴ. 철수는 어지간히 일한다.

ㄷ. 철이는 어지간히 나를 믿는다.

ㄹ. 그는 어지간히 먹는다.

ㅁ. 그는 어지간히 까분다.

「그다지」

ㄱ. 나는 그다지도 슬픈 줄을 몰랐다.

ㄴ. 철수는 그다지 잘 걷지 못한다.

ㄷ. 그는 나를 그다지 믿지 못한다.

ㄹ. 나는 그다지 너를 좋아하지 않는다.

ㅁ. 나는 그다지 술을 마시지 않는다.

「조금」

　　ㄱ. 그는 조금 걷는다.

　　ㄴ. 철이는 조금 잘 간다.

　　ㄷ. 철수는 조금 바보이다.

　　ㄹ. 그는 조금 부자이다.

　　ㅁ. 그는 요사이 조금 먹는다.

「약간」

　　ㄱ. 그는 약간 착하다.

　　ㄴ. 그는 약간 걷는다.

　　ㄷ. 그는 약간 가다가 멈춘다.

　　ㄹ. 그는 약간 까분다.

　　ㅁ. 그는 약간 어리석다.

「덜」

　　ㄱ. 그는 철이보다 덜 착하다.

　　ㄴ. 영희는 영수보다 공부를 덜 한다.

　　ㄷ. 이 시계는 5분이나 덜 간다.

　　ㄹ. 그는 요즈음 덜 먹는다.

　　ㅁ. 그는 영희보다 덜 까분다.

「겨우」

　　ㄱ. 그는 겨우 걷는다.

　　ㄴ. 그는 오늘부터 겨우 먹는다.

　　ㄷ. 철수는 겨우 말한다.

ㄹ. 그는 겨우 입을 벌렸다.

ㅁ. 그는 겨우 일어났다.

「고작」

ㄱ. 그는 고작 일이나 하면서 살아간다.

ㄴ. 그는 고작 이 일을 하느냐?

ㄷ. 너는 고작 이런 일이나 하느냐?

ㄹ. 그는 고작 이런 일만 한다.

ㅁ. 너는 고작 이런 일을 하고 있느냐?

(19) 부정부사 '아니', '못'이 오는 문장의 주어에는 조사 「은/는」 이 온다.

「아니」

ㄱ. 그는 학교에 아니 간다.

ㄴ. 그는 안 착하다.

ㄷ. 철수는 일을 안 한다.

ㄹ. 그는 밥을 안 먹는다.

ㅁ. 영희는 공부를 안 한다.

「못」

ㄱ. 그는 학교를 못 간다.

ㄴ. 그는 생선을 못 먹는다.

ㄷ. 철수는 일을 못 한다.

ㄹ. 영희는 차를 못 탄다.

ㅁ. 그는 공부를 못 한다.

(20) 단정부사가 오는 문장의 주어에는 조사 「은/는」이 쓰인다.

ㄱ. 그는 과연 공부를 잘 한다.

ㄴ. 영희는 과연 아름답다.

ㄷ. 그는 과연 용감하였다.

ㄹ. 그는 과시 대담하다.

ㅁ. 그는 과시 영웅이다.

「마땅히, 모름지기」

ㄱ. 너는 마땅히 공부하여야 한다.

ㄴ. 너는 마땅히 부지런하여야 한다.

ㄷ. 너는 모름지기 노력하여야 한다.

ㄹ. 너는 모름지기 일만 하여야 한다.

ㅁ. 너는 마땅히 벌을 받아야 한다.

「실로, 진실로」

ㄱ. 그는 실로 부지런하다.

ㄴ. 나는 실로 그에 대하여 놀랐다.

ㄷ. 그는 진실로 착하다.

ㄹ. 그는 진실로 수재이다.

ㅁ. 나는 실로 그 일에 대하여 감탄하지 않을 수 없었다.

「정말로, 정말」

ㄱ. 영희는 정말로 착하다.

ㄴ. 그는 정말로 부지런하다.

ㄷ. 너는 정말로 예쁘다.

ㄹ. 나는 정말 더워서 못 견디겠다.

ㅁ. 나는 정말 못 참겠다.

「참말, 참으로」

ㄱ. 영미는 참말 예쁘다.

ㄴ. 그미는 참말 착하다.

ㄷ. 철수는 참으로 영리하다.

ㄹ. 너는 참으로 얄밉다.

ㅁ. 그는 참으로 부지런하다.

「응당」

ㄱ. 영희는 응당 가야 한다.

ㄴ. 영미는 응당 예쁘리라.

ㄷ. 너는 응당 가지 말아야 한다.

ㄹ. 그는 응당 공부하여야 한다.

ㅁ. 우리는 응당 세금을 내어야 한다.

(21) 단정적 단정부사가 오는 문장의 주어에는 조사 「은/는」이 온다.

「기어이」

ㄱ. 영희는 기어이 가고 말았다.

ㄴ. 철수는 기어이 떠났다.

ㄷ. 그는 기어이 울고 말았다.

ㄹ. 그들은 기어이 다투고 말았다.

ㅁ. 그들은 기어이 일을 하고 말았다.

「기필코」

　ㄱ. 나는 기필코 가야 하나?

　ㄴ. 나는 기필코 가지 않겠다.

　ㄷ. 너는 기필코 가야 한다.

　ㄹ. 그는 기필코 떠나고 말았다.

　ㅁ. 그는 기필코 서울을 가야 했다.

「꼭」

　ㄱ. 그는 꼭 가야 한다.

　ㄴ. 영희는 꼭 있어야 한다.

　ㄷ. 그는 꼭 이 일을 해야 한다.

　ㄹ. 너는 꼭 가야 하나?

　ㅁ. 우리는 교통질서를 꼭 지켜야 한다.

「단연코, 반드시」

　ㄱ. 나는 단연코 이기고 말 것이다.

　ㄴ. 영희는 단연코 합격할 것이다.

　ㄷ. 나는 단연코 사양할 것이다.

　ㄹ. 철수는 반드시 일등을 할 것이다.

　ㅁ. 그는 반드시 올 것이다.

(22) 비교부사가 오는 문장의 주어에는 조사 「은/는」이 쓰인다.

「똑」

ㄱ. 그는 그의 아버지와 똑같다.

ㄴ. 영희는 그 아버지와 똑 닮았다.

ㄷ. 그들은 똑같이 나쁘다.

ㄹ. 너는 나와 똑같다.

ㅁ. 그는 영희와 똑같이 싸운다.

「마치」

ㄱ. 너는 마치 네 어머니 같다.

ㄴ. 그는 마치 그 어머니를 닮았다.

ㄷ. 그는 마치 나와 같다.

ㄹ. 요즈음은 마치 가을과 같다.

ㅁ. 그는 마치 바보와 같다.

「천생, 천연」

ㄱ. 그는 천생 그 아버지 같다.

ㄴ. 영희는 천생 그 어머니이다.

ㄷ. 철수는 천연 그 아버지 같다.

ㄹ. 영미는 천연 그 언니이다.

ㅁ. 너는 천생 네 형이다.

(23) 부정부사가 오는 문장의 주어에는 조사 「은/는」이 온다.

「결코」

    ㄱ. 나는 결코 가지 않겠다.

    ㄴ. 그는 결코 착하지 않다.

    ㄷ. 이것은 결코 돈이 아니다.

    ㄹ. 너는 결코 학생이 아니다.

    ㅁ. 그는 결코 점잖지 아니하다.

「도무지」

    ㄱ. 나는 그에 대하여 도무지 알 수 없다.

    ㄴ. 영희는 도무지 착하지 아니하다.

    ㄷ. 나는 도무지 너를 모르겠다.

    ㄹ. 그는 도무지 공부를 아니한다.

    ㅁ. 요즈음은 도무지 비가 오지 아니한다.

「조금도」

    ㄱ. 그는 조금도 알지 못한다.

    ㄴ. 영미는 조금도 귀엽지 아니하다.

    ㄷ. 나는 그를 조금도 보고 싶지 아니하다.

    ㄹ. 나는 밥을 조금도 먹고 싶지 아니하다.

    ㅁ. 나는 조금도 거기에 가고 싶지 아니하다.

「좀처럼」

    ㄱ. 그는 좀처럼 말을 듣지 않는다.

    ㄴ. 영희는 좀처럼 잃지 아니한다.

    ㄷ. 그는 좀처럼 공부하지 아니한다.

ㄹ. 그는 아침에 좀처럼 일어나지 않는다.

ㅁ. 철수는 좀처럼 남의 말을 듣지 않는다.

「털끝만큼도」

ㄱ. 그는 털끝만큼도 착하지 아니하다.

ㄴ. 영수는 털끝만큼도 일하지 아니한다.

ㄷ. 나는 그를 털끝만큼도 보고 싶지 아니하다.

ㄹ. 그는 털끝만큼도 점잖지 아니하다.

ㅁ. 그미는 털끝만큼도 귀엽지 아니하다.

「절대로」

ㄱ. 나는 절대로 그를 믿지 않는다.

ㄴ. 그는 절대로 착하지 않다.

ㄷ. 철수는 절대로 놀지 않는다.

ㄹ. 그는 절대로 웃지 않는다.

ㅁ. 그는 여름에 절대로 옷을 입지 않는다.

(24) 가설부사 '아무리', '암만' 등이 오는 문장의 주어에는 조사 「은/는」이 쓰인다.

ㄱ. 너는 아무리 하여도 말을 듣지 않는다.

ㄴ. 그는 아무리 타일러도 알아듣지 못한다.

ㄷ. 나는 아무리 이 책을 읽어도 모르겠다.

ㄹ. 너는 암만 애써도 이것은 모를 것이다.

ㅁ. 그는 암만 노력하여도 돈은 못 번다.

(25) 희망부사가 쓰이는 문장의 주어에는 조사 「은/는」이 온다.

「부디」

ㄱ. 너는 부디 잘 있거라.

ㄴ. 너는 부디 잘 가거라.

ㄷ. 너는 부디 말 좀 들어라.

ㄹ. 그는 부디 잘 있을까?

ㅁ. 너는 부디 건강하여라.

「아무쪼록」

ㄱ. 너는 아무쪼록 잘 있거라.

ㄴ. 우리는 아무쪼록 조심하자.

ㄷ. 어른은 아무쪼록 잘 계시느냐?

ㄹ. 너희들은 아무쪼록 조심하여라.

ㅁ. 너는 아무쪼록 그를 조심하여라.

「제발」

ㄱ. 너희들은 제발 조용히 하여라.

ㄴ. 우리들은 제발 일 좀 하자.

ㄷ. 너는 제발 좀 가만히 있거라.

ㄹ. 너는 제발 좀 가거라.

ㅁ. 너는 제발 좀 여기 있거라.

「좀」

ㄱ. 너는 여기 좀 앉거라.

ㄴ. 너는 좀 가지 말아라.

ㄷ. 너는 좀 가만히 있거라.

ㄹ. 여러분은 좀 떠들지 마시오.

ㅁ. 영수는 좀 기다려라.

3. 「은/는」과 다른 조사와의 복합조사

〈1〉 께서는

ㄱ. 아버지께서는 서울에 가셨다.

ㄴ. 할아버지께서는 주무신다.

ㄷ. 하나님께서는 사랑을 베푸신다.

ㄹ. 사장어른께서 오셨다.

ㅁ. 어머님께서 시장에 가셨다.

〈2〉 에는

ㄱ. 집에는 아무도 없다.

ㄴ. 학교에는 학생들이 공부한다.

ㄷ. 가게에는 아무것도 없다.

ㄹ. 서울에는 사람도 많다.

ㅁ. 서울에는 차도 많다.

〈3〉 에서는

ㄱ. 그는 집에서는 공부하지 아니한다.

ㄴ. 학교에서는 학생들이 놀고 있다.

ㄷ. 사람들이 절에서는 불공을 드린다.

ㄹ. 길에서는 놀지 말아라.

ㅁ. 방에서는 장난을 하지 말아라.

〈4〉 같이는

ㄱ. 나는 너하고 같이는 놀지 아니한다.

ㄴ. 나는 그와 같이는 가지 않겠다.

ㄷ. 너는 그와 같이는 놀지 말아라.

ㄹ. 무슨 일이든 그와 같이는 하지 말아라.

ㅁ. 너하고 같이는 놀지 않겠다.

〈5〉 과는/와는

ㄱ. 나는 너와는 말하지 않겠다.

ㄴ. 너는 그와는 상대하지 말아라.

ㄷ. 이것은 저것과는 다르다.

ㄹ. 철수는 영희와는 사이가 좋다.

ㅁ. 나는 그와는 화해하지 않겠다.

〈6〉 과만은/와만은

ㄱ. 너와만은 말하지 않겠다.

ㄴ. 그와만은 상대도 하지 말아라.

ㄷ. 철이와만은 말하여도 좋다.

ㄹ. 순이와만은 결혼하지 말아라.

ㅁ. 그이와만은 놀지 말아라.

〈7〉 보다는

ㄱ. 이것은 저것보다는 낫다.

ㄴ. 너보다는 내가 낫다.

ㄷ. 벼슬보다는 돈이 낫다.

ㄹ. 영희보다는 영수가 더 예쁘다.

ㅁ. 겨울보다는 여름이 낫다.

〈8〉 에서보다는

ㄱ. 집에서보다는 여기가 더 따뜻하다.

ㄴ. 시골에서보다는 서울이 따뜻하다.

ㄷ. 학교에서보다는 집이 더 편안하다.

ㄹ. 공기가 서울에서보다는 시골이 더 맑다.

ㅁ. 물가는 시골에서보다는 서울이 더 싸다.

〈9〉 께서보다는

ㄱ. 돈이 아버지께서보다는 어머니에게 더 많다.

ㄴ. 돈이 할아버지께서보다는 아버지에게 더 많다.

ㄷ. 말이 아버지께서보다는 선생님이 더 많다.

ㄹ. 인정이 어머니께서보다는 할머니께서 더 많다.

ㅁ. 돈이 할머니께서보다는 어머니께 더 많다.

〈10〉 와보다는

ㄱ. 나는 너와보다는 그가 더 마음에 든다.

ㄴ. 나는 그와보다는 너하고가 더 좋다.

ㄷ. 나는 영희와보다는 너와 노는 게 더 좋다.

ㄹ. 너와보다는 그하고 더 가깝다.

ㅁ. 영희와보다는 그하고 노는 게 더 좋다.

〈11〉 하고보다는

ㄱ. 너하고보다는 그이하고 놀겠다.

ㄴ. 영희하고보다는 너하고 놀겠다.

ㄷ. 철수하고보다는 영희하고 지내겠다.

ㄹ. 영수하고보다는 철수하고 놀겠다.

ㅁ. 나하고보다는 너하고 놀아라 하여라.

〈12〉 하고처럼은

ㄱ. 나는 너하고처럼은 하지않는다.

ㄴ. 그는 철수하고처럼은 돈을 쓰지 아니한다.

ㄷ. 그는 영희하고처럼은 일을 하지 아니한다.

ㄹ. 철수는 너하고처럼은 행동하지 아니한다.

ㅁ. 영희는 미자하고처럼은 예쁘지 아니한다.

〈13〉 께서처럼은

ㄱ. 아버지는 그 어른께서처럼은 술을 많이 잡수시지 아니하신다.

ㄴ. 선생님은 교장선생님께서처럼은 술을 잡수시지 아니하신다.

ㄷ. 이 어른은 저 어른께서처럼은 말씀을 많이 하시지 아니하신다.

ㄹ. 우리 선생님은 저 어른께서처럼은 키가 크지 않으시다.

ㅁ. 할아버지는 저 어른께서처럼은 엄하시지 않으시다.

〈14〉 처럼은

ㄱ. 나는 너처럼은 떠들지 아니한다.

ㄴ. 이것은 저것처럼은 곱지 아니하다.

ㄷ. 영희는 희숙이처럼은 예쁘지 아니하다.

ㄹ. 이것은 저 연필처럼은 글이 잘 쓰여지지 아니한다.

ㅁ. 너는 그이처럼은 떠들지 아니한다.

〈15〉 와처럼은

ㄱ. 나는 너와처럼은 일을 하지 아니한다.

ㄴ. 이것은 저것과처럼은 좋지 아니하다.

ㄷ. 철수는 영희와처럼은 공부를 잘 하지 아니한다.

ㄹ. 이것은 저것과처럼은 곱지 아니하다.

ㅁ. 우리는 그들과처럼은 같지 아니하다.

〈16〉 에서처럼은

ㄱ. 너는 집에서처럼은 행동하지 말아라.

ㄴ. 너는 학교에서처럼은 떠들지 말아라.

ㄷ. 나는 학교에서는 집에서처럼은 하지 않는다.

ㄹ. 너는 집에서처럼은 행동하지 않느냐?

ㅁ. 여기서는 학교에서처럼은 행동해서 안 된다.

〈17〉 만큼은

ㄱ. 나는 너만큼은 할 수 있다.

ㄴ. 나는 이만큼은 먹을 수 있다.

ㄷ. 철수는 영희만큼은 공부를 못 한다.

ㄹ. 그는 철수만큼은 키가 크다.

ㅁ. 너는 이만큼은 먹어라.

〈18〉 에서만큼은

ㄱ. 여기는 집에서만큼은 편안하지가 아니하다.

ㄴ. 학교에서도 집에서만큼은 일해야 한다.

ㄷ. 여기는 학교에서만큼은 재미가 없다.

ㄹ. 여기는 서울에서만큼은 번잡하지 아니하다.

ㅁ. 이곳은 부산에서만큼은 덜 복잡하다.

〈19〉 하고는

　ㄱ. 나는 너하고는 놀지 않겠다.

　ㄴ. 영희는 철수하고는 놀지 않는다.

　ㄷ. 그는 영희하고는 같이 살지 않는다.

　ㄹ. 그는 영희하고는 같이 학교에 가지 않는다.

　ㅁ. 철수는 너하고는 같이 공부하지 않는다.

〈20〉 에게서는

　ㄱ. 그이에게서는 아무 소식도 없다.

　ㄴ. 철이에게서는 편지가 없다.

　ㄷ. 영희에게서는 무슨 소식이 있었나?

　ㄹ. 영희에게서는 아무 소식도 없었다.

　ㅁ. 그에게서는 소식이 있나?

〈21〉 에게는

　ㄱ. 그에게는 아무것도 주지 말아라.

　ㄴ. 영수에게는 이것을 주어라.

　ㄷ. 기수에게는 이것을 주자.

　ㄹ. 너에게는 이것을 주지 않겠다.

　ㅁ. 나에게는 돈을 다오.

〈22〉 한테는

ㄱ. 너한테는 이것을 줄까?

ㄴ. 나한테는 돈을 다오.

ㄷ. 그이한테는 책을 주어라.

ㄹ. 철이한테는 책을 주어라.

ㅁ. 돌이한테는 아무것도 주지 말아라.

〈23〉 한테서는

ㄱ. 그이한테서는 아무 소식이 없다.

ㄴ. 영희한테서는 소식이 있느냐?

ㄷ. 철이한테서는 소식이 왔다.

ㄹ. 순이한테서는 편지가 왔다.

ㅁ. 왜 너한테서는 아무 소식이 없느냐?

〈24〉 더러는

ㄱ. 너더러는 오지 말라고 하더냐?

ㄴ. 그이더러는 가라고 하여라.

ㄷ. 철이더러는 기다리라고 하여라.

ㄹ. 순희더러는 기다리라고 하여라.

ㅁ. 기수더러는 이것을 가져가라고 하여라.

〈25〉 으로는

ㄱ. 이리로는 오지 말라고 하여라.

ㄴ. 그리로는 가라고 하여라.

ㄷ. 그 길로는 가지 못한다.

ㄹ. 너는 집으로는 가지 못한다.

ㅁ. 이 책으로는 공부를 못 한다.

〈26〉 으로서는

ㄱ. 사람으로서는 그런 일은 못 한다.

ㄴ. 나로서는 그런 일은 못 한다.

ㄷ. 학생으로서는 나쁜 일을 해서는 안 된다.

ㄹ. 선생으로서는 나쁜 짓을 못 한다.

ㅁ. 너로서는 그런 일을 하겠니?

〈27〉 으로써는

ㄱ. 이 칼로써는 연필을 못 깎는다.

ㄴ. 연필로써는 답안을 써서는 아니 된다.

ㄷ. 호미로써는 이 밭을 맬 수가 없다.

ㄹ. 이 책으로써는 공부가 안 된다.

ㅁ. 이 삽으로써는 흙을 팔 수가 없다.

〈28〉 는야

ㄱ. 나는야 열아홉 살 송화강 큰애기.

ㄴ. 나는야 간다 이 젊은 나이로 나는야 간다.

ㄷ. 너는야 무엇을 하느냐?

ㄹ. 그는야 간도 크다.

ㅁ. 나는야 매일같이 일만 한다.

〈29〉 밖에는

ㄱ. 내가 가진 것은 이것밖에는 없다.

ㄴ. 나는 너밖에는 믿을 사람이 없다.

ㄷ. 너밖에는 또 누가 있으랴.

ㄹ. 이것밖에는 너에게 줄게 없다.

ㅁ. 그것밖에는 더 있겠느냐?

〈30〉 까지는

ㄱ. 여기까지는 내 땅이다.

ㄴ. 너까지는 믿을 수 있다.

ㄷ. 서울까지는 거리가 얼마냐?

ㄹ. 부산까지는 요금이 얼마냐

ㅁ. 여기서 서울까지는 5시간이 걸린다.

〈31〉 부터는

ㄱ. 여기서부터는 길이 평탄하다.

ㄴ. 여기서부터는 다 네 땅이다.

ㄷ. 지금부터는 일을 해야 한다.

ㄹ. 내일부터는 학교를 쉰다.

ㅁ. 너부터는 청소를 하여라.

〈32〉 씩은

ㄱ. 떡을 둘씩은 먹지 말고 하나씩만 먹어라.

ㄴ. 이 쌀에는 뉘가 하나씩은 다 있다.

ㄷ. 좋아, 하나씩은 먹어라.

ㄹ. 하나씩은 가지되 둘씩은 가지지 말라.

ㅁ. 하나씩은 다 가져 갔다.

〈33〉 이든지는

ㄱ. 그가 무엇이든지는 몰라도 가져갔다.

ㄴ. 책이든지는 몰라도 철이가 가져가더라.

ㄷ. 돈이든지는 몰라도 철이가 가져가더라.

ㄹ. 이 주머니 속에 든 것이 무엇이든지는 몰라도 그가 가져갔다.

ㅁ. 이것이 무엇이든지는 나는 모른다.

〈34〉 조차는

ㄱ. 이것조차는 주지 못한다.

ㄴ. 너조차는 그렇지 않으리라 생각했다.

ㄷ. 이것조차는 못 주겠다.

ㄹ. 그이조차는 나를 도우리라 생각했다.

ㅁ. 철수조차는 그러지 못할 것이다.

〈35〉 마저는

ㄱ. 너마저는 그러지 않겠지.

ㄴ. 그이마저는 안 그러리라 보았다.

ㄷ. 이이마저는 그러지 않으리라 생각했다.

ㄹ. 철이마저는 가지 않으리라 생각했다.

ㅁ. 그들마저는 다 그러한 부류의 사람들이다.

4. 「이/가」와 「은/는」이 특별히 구별 사용되는 경우

〈1〉 소유주를 나타내는 명사에는 「은/는」이 오고 그 소유물을 나타내는 명사에는 「이/가」가 온다.

ㄱ. 코끼리는 코가 길다.

ㄴ. 영수는 키가 크다.

ㄷ. 황새는 다리가 길다.

ㄹ. 철수는 재주가 있다.

ㅁ. 영희는 머리가 좋다.

〈2〉 대비를 나타내는 명사에는 「은/는」이 온다.

ㄱ. 산은 높고 물은 깊다.

ㄴ. 너는 처녀, 나는 총각.

ㄷ. 철수는 일등이고 영희는 이등이다.

ㄹ. 하늘은 높고 달은 밝다.

ㅁ. 겨울은 춥고 봄은 따뜻하다.

〈3〉 서로 나누어 말할 때에는 그 나누이는 명사에는 「은/는」이 온다.

ㄱ. 원래 김수로왕의 부인은 허씨였는데, 두 사람 사이에서 낳은 아들들 중에 어떤 이들은 김해 김씨가 도고 어떤 이들은 김해 허씨가 되었다는 이야기가 전해온다.

ㄴ. 철수는 반장이고 영희는 부반장이다.

ㄷ. 이것은 천원 짜리이고 그것은 만원 짜리이다.

ㄹ. 이것은 연필이고 그것은 볼펜이다.

ㅁ. 여기는 경복궁이고 거기는 창경궁이다.

〈4〉 앞 절의 주어에 「이/가」가 오고 종결절이 단정적인 뜻을 나타내면 그 주어에는 「은/는」이 온다.

ㄱ. 해태가 삼승일패면 한화는 일승만 해도 된다.

ㄴ. 철수가 갔으면 너는 안 가도 된다.

ㄷ. 김장군이 갔으면 그들은 항복할 것이다.

ㄹ. 우리가 강하면 그들은 굴복할 것이다.

ㅁ. 12시가 되면 그는 나를 찾아올 것이다.

〈5〉 전체를 나타내는 말에는 「은/는」이 온다.

ㄱ. 하루는 스물네 시간이다.

ㄴ. 일년은 열두 달이다.

ㄷ. 일주일은 칠일이다.

ㄹ. 한 달은 삼십일이다.

ㅁ. 보름은 십오일이다.

〈6〉 설명의 대상이 되는 명사에는 「은/는」이 온다.

ㄱ. 문제는 법상의 임의 동행은 모두 당해인의 동의를 전제하고 있음에
   도 현실은 임의동행이란 이름하에 강제 연행되고 있다는 것이다.

ㄴ. 미시세계 철학자 데카르트는 "나는 의심하므로 존재한다"고 말
   했다.

ㄷ. 시계는 열두 시를 가리키고 있었다.

ㄹ. 세월은 흐르는 물과 같이 빠르다.

ㅁ. 해는 동쪽에서 뜬다.

〈7〉 지시대명사 '그것', '이것', '저것'에는 조사 「은/는」이 온다.

ㄱ. 그것은 나의 것이다.

ㄴ. 이것은 너의 것이다.

ㄷ. 저것은 연필이다.

ㄹ. 그것은 너의 책이다.

ㅁ. 저것은 철수의 가방이다.

〈8〉 지시대명사 '여기', '거기', '저기', '이리', '그리', '저리', '이때', '그때', '접때'에는 조사 「은/는」이 온다.

  ㄱ. 여기는 오지 말아라.

  ㄴ. 거기는 위험하다.

  ㄷ. 저기는 아주 시원하다.

  ㄹ. 이리는 위험하니, 오지 말아라.

  ㅁ. 그리는 가도 좋다.

  ㅂ. 저리는 가지 말아라.

  ㅅ. 이때는 세상이 어지러울 때였다.

  ㅇ. 그때는 참으로 살기 좋았다.

  ㅈ. 접때는 그 모임에 나는 가지 않았다.

〈9〉 설명의 대상이 되는 명사에는 「은/는」이 오고 그것을 설명하는 절의 명사에는 「은/는」과 「이/가」가 온다.

  ㄱ. 누치는 잉어보다 몸은 길지만 수염이 없다.

  ㄴ. 목련은 장미보다 꽃은 아름답지만 향기가 없다.

  ㄷ. 철수는 머리는 좋지마는 용기가 부족하다.

  ㄹ. 영희는 얼굴은 예쁘지만 머리가 좀 모자란다.

  ㅁ. 그는 돈은 많으나 인정이 없다.

〈10〉 어른 앞에서 자기를 낮추어 말할 때는 낮추는 말에는 「은/는」이 온다.

ㄱ. 대왕마마 "소첩은 이제 이 세상을 떠납니다".

ㄴ. 소인은 잘못이 없습니다.

ㄷ. 소저는 시집을 아니 가겠습니다.

ㄹ. 소생은 아직 그곳에 가지 못합니다.

ㅁ. 선생님 저는 잘못이 없습니다.

〈11〉 간청의 주체에는 「은/는」이 온다.

ㄱ. 허황옥은 죽기 전에 남편인 수로왕에게 간청하였다.

ㄴ. 철수는 선생님에게 용서를 빌었다.

ㄷ. 나는 하는 수 없이 잘못을 빌었다.

ㄹ. 그는 그의 아버지에게 여행에 대한 허락을 간청하였다.

ㅁ. 그는 휴가를 요청하였다.

〈12〉 승인의 주체에는 「은/는」이 온다.

ㄱ. 정부는 현대의 금강산 산업에 대해 최종 사업 승인을 내주었다.

ㄴ. 의회는 정부의 법안을 심의하여 통과시켰다.

ㄷ. 군의회는 소싸움장의 설치를 승인하였다.

ㄹ. 그는 그의 아버지에게 여행에 대한 허락을 간청하였다.

ㅁ. 그는 휴가를 요청하였다.

〈13〉 비율을 나타내는 말에는 「은/는」이 온다.

ㄱ. 그가 이길 확률은 반반이다.

ㄴ. 현대와 삼성이 이길 비율은 3대 4는 될 것이다.

ㄷ. 철수가 합격할 확률은 반반이다.

ㄹ. 우리나라와 미국의 수출 비율은 어떠하냐?

ㅁ. 그가 성공할 가능성은 5대 5는 될 것이다.

〈14〉 비평의 대상을 나타내는 명사에는 「은/는」이 온다.

ㄱ. 아마코스트는 87년 6월 미국은 한국 문제를 걱정할 이유가 없다
는 말을 하여 케네디 상원의원의 비판을 받은 사람이다.

ㄴ. 철이는 우등을 한 학생이다.

ㄷ. 영희는 아주 착한 학생이다.

ㄹ. 돌이는 머리가 아주 좋은 학생이다.

ㅁ. 김씨는 아주 인심 좋은 사람이다.

〈15〉 '~하는 장소'를 나타내는 말에는 「은/는」이 온다.

ㄱ. 슈마트는 에스콰이아 자회사로 1,500가지에 이르는 여러 가지
신발을 파는 곳이다.

ㄴ. 학교는 학생을 교육하는 곳이다.

ㄷ. 운동장은 학생들의 체육을 단련하는 곳이다

ㄹ. 시장은 물건을 사고파는 곳이다.

ㅁ. 사무실은 업무를 집행하는 곳이다.

〈16〉 '~하는 사람'을 나타내는 말에는 「은/는」이 온다.

ㄱ. 톨스토이는 러시아인들 간의 문제뿐 아니라 외국 또는 이민족과의 관계에서도 일체의 애국적 통념을 거부한다.

ㄴ. 디자이너는 늘 사람들의 호기심을 집중시킨다.

ㄷ. 선생은 언제나 학생을 가르친다.

ㄹ. 대통령은 나라를 다스린다.

ㅁ. 공무원은 행정업무를 담당한다.

〈17〉 해수를 나타내는 말에는 「은/는」이 온다.

ㄱ. 올해는 풍년이 들었다.

ㄴ. 지난해는 흉년이었다.

ㄷ. 다가올 해는 곡식이 잘 되겠지.

ㄹ. 내년에는 모든 일이 잘 될 것이다.

ㅁ. 1945년은 조국이 광복된 해이다.

〈18〉 날짜를 나타내는 명사에는 「은/는」이 온다.

ㄱ. 오늘은 15일이다.

ㄴ. 내일은 날씨가 좋겠다.

ㄷ. 모래는 날씨가 좋을까?

ㄹ. 어제는 날씨가 좋았다.

ㅁ. 그저께는 너는 무엇을 했느냐?

〈19〉 어떤 것을 꼬집어 말할 때는 그 명사에는 「은/는」이 온다.

ㄱ. 그는 머리는 좋다.

ㄴ. 영희는 코는 잘 생겼다.

ㄷ. 그이는 마음씨는 착하다.

ㄹ. 돌이는 손은 예쁘나 발은 예쁘지 않다.

ㅁ. 그가 솜씨는 있다.

《20》 대명사 '나', '너', '저', '우리', '저희', '당신' 등이 지정하여 쓰일 때는 조사 「은/는」이 온다.

ㄱ. ⅰ. 그는 착하다.

　　ⅱ. 그는 나의 친구이다.

ㄴ. ⅰ. 저는 가겠습니다.

　　ⅱ. 저는 사양하겠습니다.

ㄷ. ⅰ. 우리는 대한민국의 아들딸이다.

　　ⅱ. 우리는 반드시 이길 것이다.

ㄹ. ⅰ. 저희는 집으로 가겠습니다.

　　ⅱ. 저희는 여기 있겠습니다.

ㅁ. ⅰ. 당신은 누구시오?

　　ⅱ. 당신은 나를 사랑하시오?

제**4**장

맺음말

주격조사 「이」는 본래 삼인칭의 인칭대명사 「伊」와 비인칭대명사 「是」에서 발달하여 왔고, 보조조사 「은/는」은 지정의 뜻을 나타내는 의존명사에서 조사로 발달하여 왔다. 그러므로 「이」 주격조사는 본래 「가리킴」의 뜻을 나타내고 「은/는」은 '지정'의 뜻을 나타낸다. 그런데 이들 조사는 그 문맥적 뜻에 따라 그 뜻이 다양화하여 문맥에 따라 여러 가지 뜻을 나타내기에 이르렀다. 예를 들면,

ㄱ. 너는 착하니까 사랑을 받는다.
ㄴ. 네가 착하니까 사랑을 받는다.

ㄱ의 「는」은 "본래부터 착하니까 사랑을 받는다"는 뜻이고 ㄴ의 '네가'는 "네가 사랑을 받는 것은 오직 착한 것 그것 때문에 사랑을 받는다"는 뜻이다. 그러므로 「은/는」은 그 뜻이 이미 정해져 있는 경우에 쓰이게 되므로 흔히들 주제를 나타낸다고도 하고 화제를 나타낸다고도 하나 그것은 「은/는」이 본래 '지정'의 의존명사에서 조

사로 발달한 때문이요 「은/는」이 본래부터 주제나 화제의 뜻을 지니고 있었던 것이 아니고 그것은 문맥적 뜻에 의하여 그렇게 이해될 뿐이다. 그리고 「이」는 삼인칭대명사에서 발달한 조사이기 때문에 언제나 그 문맥적 뜻을 살펴보면 가리킴인 지적의 뜻을 나타낸다.

결론으로 말하면 「은/는」은 지정의 뜻을 나타내고 「이/가」는 지칭 제시의 뜻을 나타낸다. 다음의 예를 보자.

ㄷ. 철수야, 네가 가거라.

에서 보면 앞에서 '철수야' 하고 불렀으니까 뒷말에서 '네가 가거라' 하고 '네가' 쓰이었지 그렇지 아니하고 '철수야, 너는 가거라'로 말한다면 문장이 좀 이상한 느낌을 나타내게 된다. 만일 '철수야, 너는 가거라'에서 '너는'이 성립된다면 그것은 '구분' 또는 '구별', '지정'의 뜻으로 이해된다. 이와 같은 문맥적 뜻이 이해되는 것은 오직 「은/는」이 지정의 의존명사에서 발달해 왔기 때문이다. 위의 ㄱ, ㄴ, ㄷ에서 예시한 「이/가」와 「은/는」의 용법은 절대적으로 그렇게 쓰이는 경우가 있고 경우에 따라서는 문맥에 따라서 그렇게 쓰이는 경우도 있음에 유념해 주기를 바란다.

여기에서 다른 두 가지 조사의 용법은 더 많은 통계를 내어서 분석하여 보면 더 많은 용법을 찾아낼 수 있을 것이나, 시간상 그렇게 하지 못하고 이로써 맺는 것은 아쉬움이 없지 아니하다.

왜냐하면 글쓴이에게 있는 자료는 한없이 많이 있으나, 그것을 모두 분석하기에는 너무나 오랜 시일이 걸릴 뿐만 아니라 그 자료를 다 분석한다 하더라도 역시 아쉬움은 남을 것이기 때문이다.

다시 결론지어 말하면 「은/는」은 '지정', '구별', '구분'의 뜻을 나타내고 「이/가」는 '지칭', '지시'의 뜻이 그 근본 뜻인데, 그 근본 뜻이 문맥에 따라 여러 가지로 쓰이는 것이다.

끝으로 덧붙이고 싶은 말은 주격조사 「이」는 이두에서는 「伊」(인칭대명사)와 「是」(비인칭대명사)로 구별되었으나, 이두가 없어지면서 한글로는 「이」로만 쓰이고 있다. 즉, 사람이 주어일 때나 사물이 주어일 때 다같이 「이」로 쓰이고 있는 것이다. 그러므로 오늘날 그 용법을 살필 때에는 이 점을 유의해야 할 것이다.